Schweitzers Handausgaben
mit Erläuterungen

R. Kloss

Umsatzsteuergesetz

in der Fassung von 1922

1922
München, Berlin und Leipzig
J. Schweitzer Verlag (Arthur Sellier).

2. Nachtrag.

Gesetz, betreffend Änderung des Umsatzsteuergesetzes.

Vom 30. November 1922 (RGBl. Teil I S. 890).

Der Reichstag hat das folgende Gesetz beschlossen, das mit Zustimmung des Reichsrats hiermit verkündet wird:

Artikel I.

Das Umsatzsteuergesetz vom 24. Dezember 1919 (RGBl. S. 2157) in der Fassung des Ges. v. 8. April 1922 (RGBl. Teil I S. 373) wird wie folgt geändert:

1. In § 13 Satz 2 ist statt „25, 26 und 27" zu setzen „25 und 26".
2. In der Überschrift vor § 25 ist das Wort „Erhöhte" zu streichen.
3. § 27 erhält folgende Fassung:

„§ 27.

Die Steuer für die Übernahme von Anzeigen nach § 26 ermäßigt sich bei Zeitungen und Zeitschriften

von den ersten 1 Million Mark des innerhalb eines Kalendervierteljahrs vereinnahmten Entgelts auf 1/2 vom Hundert,

von den nächsten 1 Million Mark des innerhalb eines Kalendervierteljahrs vereinnahmten Entgelts auf 1 vom Hundert,

von den nächsten 1 Million Mark des innerhalb eines Kalendervierteljahrs vereinnahmten Entgelts auf 1 1/2 vom Hundert,

von den darüber hinausgehenden Beträgen auf 2 vom Hundert.

Gibt ein Steuerpflichtiger mehrere Zeitungen oder Zeitschriften heraus, so ist für die etwaige Ermäßigung jede Zeitung und jede Zeitschrift selbständig zu behandeln."

Artikel II.

Die Vorschriften des Artikels I treten mit Wirkung vom 1. Januar 1922 in Kraft.

---

[1]) Zu § 25. **Die Überschrift ist auf S. 72 versehentlich ausgefallen; sie lautet nunmehr: Umsatzsteuer auf Leistungen besonderer Art.**

3. Nachtrag zu Kloß, Umsatzsteuergesetz.

Zweite Steuernotverordnung

vom 19. Dezember 1923 (RGBl. Teil I S. 1205).

Artikel IV.

Umsatzsteuer

§ 1.

Das Umsatzsteuergesetz vom 24. Dezember 1919 in der Fassung der Gesetze vom 8. April 1922, vom 20. März 1923 und vom 25. Juni 1923 (Reichsgesetzbl. 1919 S. 2157, 1922 I S. 373 und 1923 I S. 198, 466) wird wie folgt geändert:

1. § 2 Nr. 1 c erhält folgende Fassung:

c) Umsätze in das Ausland, wenn die Bestimmungen des Reichsrats über die Sicherstellung der Herkunft und der Bestimmung der Gegenstände innegehalten werden und nicht in diesem Gesetz (§ 23 Abs. 1 Nr. 5) ein anderes bestimmt ist.

Die Lieferung an den ausführenden Unternehmer gilt auch dann nicht als Umsatz in das Ausland, wenn der Lieferer im eigenen oder fremden Namen unmittelbar in das Ausland versendet."

2. Hinter § 3 wird folgender § 4 eingefügt:

„§ 4.

(1) Erbringt ein Unternehmer den Nachweis, daß er von ihm ausgeführte Gegenstände im Inland erworben oder in das Inland eingeführt hat und daß die Lieferung an ihn der Steuerpflicht unterlag, so vergütet ihm die Steuerstelle zum Ausgleich hierfür einen Hundertsatz des vereinnahmten oder vereinbarten Verkaufspreises, je nachdem die Lieferung an ihn der allgemeinen Umsatzsteuer nach § 13 oder der erhöhten Umsatzsteuer nach §§ 15, 26 unterlegen hat.

(2) Die näheren Bestimmungen über die Höhe der Vergütung und über das Vergütungsverfahren erläßt der Reichsminister der Finanzen mit Zustimmung des Reichsrats."

3. Im § 13 wird der zweite Satz gestrichen. Der erste Satz erhält nach einem Komma folgenden Zusatz:

„soweit nicht in den folgenden Vorschriften (§§ 15, 21, 25 bis 27) höhere oder niedrigere Steuersätze vorgesehen sind."

4. § 19 a wird gestrichen.

5. Im § 25 wird folgende Vorschrift als Abs. 3 angefügt:

„(3) Der Reichsminister der Finanzen wird ermächtigt, den im Abs. 1 Nr. 1 angegebenen Betrag nach Maßgabe der Geldentwertung mit Zustimmung des Reichsrats anderweit festzusetzen."

6. § 27 erhält folgende Fassung:

„§ 27.

(1) Die Steuer für die Übernahme von Anzeigen nach § 26 ermäßigt sich bei Zeitungen und Zeitschriften
von den ersten tausend Goldmark des innerhalb eines Kalendervierteljahrs vereinnahmten Entgelts auf 1/2 vom Hundert,
von den nächsten tausend Goldmark des innerhalb eines Kalendervierteljahrs vereinnahmten Entgelts auf 1 vom Hundert,
von den nächsten tausend Goldmark des innerhalb eines Kalendervierteljahrs vereinnahmten Entgelts auf 1 1/2 vom Hundert.

(2) Die darüber hinausgehenden Beträge des innerhalb eines Kalendervierteljahrs vereinnahmten Entgelts unterliegen der Umsatzsteuer in Höhe von 2 vom Hundert.

(3) Gibt ein Steuerpflichtiger mehrere Zeitungen oder Zeitschriften heraus, so ist für die etwaige Ermäßigung jede Zeitung und jede Zeitschrift selbständig zu behandeln."

7. Hinter § 32 wird folgender § 32a eingefügt:

„§ 32a.

(1) Die Steuer wird in den Fällen des § 1 Nr. 1 und 2 nach dem Gesamtbetrage der Entgelte berechnet, die der Steuerpflichtige im Laufe eines Steuerabschnitts für seine Leistungen vereinnahmt hat.

(2) Werden die Bücher auf wertbeständiger Grundlage geführt, so ist die Steuer in Goldmark zu berechnen. Der Reichsminister der Finanzen erläßt nähere Bestimmungen darüber, welche Rechnungseinheiten für die Buchführung als wertbeständig gelten und wie sie in Goldmark umzurechnen sind.

(3) Werden die Bücher nicht auf wertbeständiger Grundlage geführt, so ist die Steuer nach dem Durchschnitt des Dollarkurses im Steuerabschnitt auf Goldmark umzurechnen; umfaßt der Steuerabschnitt mehrere Monate, so ist das Mittel der Monatsdurchschnitte der Umrechnung zugrunde zu legen. Der Reichsminister der Finanzen gibt den Umrechnungssatz unmittelbar nach Abschluß des Steuerabschnitts bekannt."

8. Im § 33 wird Abs. 1 gestrichen; die Abs. 2 bis 4 erhalten die Bezeichnung 1 bis 3.

9. § 36 erhält folgende Fassung:

„(1) Die Steuerstelle setzt die Steuer in Goldmark fest und erteilt dem Steuerpflichtigen einen Bescheid.

(2) Sind auf die Steuer für den Steuerabschnitt nach § 37 Voranmeldungen abgegeben oder Vorauszahlungen festgesetzt worden, so beschränkt sich die Steuerabforderung (Abs. 1) auf den Unterschiedsbetrag zwischen den Steuern, die auf Voranmeldungen und festgesetzte Vorauszahlungen entfallen, und dem aus den steuerpflichtigen Umsätzen des ganzen Steuerabschnitts ermittelten Gesamtsteuerbetrage. Deckt sich der Gesamtsteuerbetrag mit den Voranmeldungen und festgesetzten Vorauszahlungen, so genügt eine Mitteilung hierüber.

(3) Ist die Voraussetzung des § 32a Abs. 2 nicht für den ganzen Steuerabschnitt gegeben gewesen, so ist zur Ermittlung des Unter-

schiedsbetrags zunächst der Gesamtsteuerbetrag abweichend von § 32a Abs. 3 in Papiermark zu berechnen. Hiervon sind die Voranmeldungen und festgesetzten Vorauszahlungen in Papiermark abzusetzen; dabei ist bei Buchführung auf wertbeständiger Grundlage der auf Goldmark lautende Steuerbetrag nach dem Durchschnitt des Dollarkurses im Vorauszahlungsabschnitt in Papiermark umzurechnen. Der Unterschiedsbetrag ist in Anwendung des § 32a Abs. 3 umzurechnen und in Goldmark festzusetzen.

(4) Übersteigt der Gesamtsteuerbetrag die Voranmeldungen und festgesetzten Vorauszahlungen um mehr als zwanzig vom Hundert, so erhöht sich die Steuer um zehn vom Hundert des Unterschiedsbetrags.

(5) Im Falle des § 33 Abs. 1 Satz 2 kann nach Abschluß eines Kalenderjahrs für den gesamten Umfang des abgelaufenen Jahres oder bei vorheriger Einstellung der Tätigkeit nach der Einstellung für den Umfang des verflossenen Teiles des Jahres eine Neuveranlagung vorgenommen werden."

10. An die Stelle des § 37 treten folgende §§ 37 und 37a:

„§ 37.

(1) Der Steuerpflichtige hat binnen zehn Tagen nach Ablauf jedes Kalendervierteljahrs eine Voranmeldung, in der er die in dem abgelaufenen Kalendervierteljahre vereinnahmten Entgelte nach Maßgabe des § 35 bezeichnet, abzugeben und gleichzeitig eine diesen Entgelten entsprechende Vorauszahlung zu leisten. Dies gilt nicht, soweit der Steuerabschnitt kürzer als ein Kalendervierteljahr ist und die für die innerhalb des Kalendervierteljahrs liegenden Steuerabschnitte geschuldeten Steuern bis zu dem im Satz 1 bezeichneten Zeitpunkt fällig geworden sind.

(2) Steuerpflichtige mit einer gewerblichen oder beruflichen Tätigkeit von erheblicherem Umfang haben binnen zehn Tagen nach Ablauf jedes Monats eine Voranmeldung über die im abgelaufenen Monat vereinnahmten Entgelte abzugeben und gleichzeitig eine diesen Entgelten entsprechende Vorauszahlung zu leisten. Der Reichsminister der Finanzen bestimmt, welche Steuerpflichtigen dieser Verpflichtung unterliegen.

(3) Auf die Berechnung der Vorauszahlungen finden die Vorschriften des § 32a Abs. 2 und 3 entsprechende Anwendung. Der Reichsminister der Finanzen kann anordnen, daß der Vorauszahlungsabschnitt in Unterabschnitte von je einer oder zwei Wochen zerlegt und für jeden Unterabschnitt ein besonderer Umrechnungssatz der Vorauszahlung zugrunde gelegt werden darf.

(4) Die Voranmeldung gilt als Steuererklärung, die Vorauszahlung ist Steuer im Sinne der Reichsabgabenordnung. Gibt der Steuerpflichtige bis zum Ablauf der Vorauszahlungsfrist eine Voranmeldung nicht ab oder zahlt er nicht gleichzeitig mit der Voranmeldung den ihr entsprechenden Steuerbetrag, so setzt die Steuerstelle die Vorauszahlung fest; das gleiche gilt für den Fall, daß die Vorauszahlung den vereinnahmten Entgelten nicht entspricht. Der Reichsminister der Finanzen bestimmt die näheren Grundsätze, nach denen die Vorauszahlungen festzusetzen sind. Das Be-

rufungsverfahren hiergegen ist ausgeschlossen; die Befugnis des Steuerpflichtigen zur Einlegung der Beschwerde (§§ 224, 281 der Reichsabgabenordnung) bleibt unberührt.

§ 37a.

(1) Die gemäß § 36 für einen Steuerabschnitt festgesetzte Steuerschuld ist innerhalb zweier Wochen nach Bekanntgabe des Steuerbescheids zu entrichten, soweit sie die gemäß § 37 auf die Steuerschuld des Steuerabschnitts abgegebenen Voranmeldungen oder festgesetzten Vorauszahlungen übersteigt (Abschlußzahlung).

(2) Die Vorschrift des Abs. 1 gilt entsprechend im Falle des § 36 Abs. 5 mit der Maßgabe, daß an die Stelle des Steuerabschnitts das Kalenderjahr tritt und außer den Voranmeldungen und festgesetzten Vorauszahlungen die auf die Steuerabschnitte des Kalenderjahrs bezüglichen Abschlußzahlungen abzuziehen sind."

§ 2.

(1) Die allgemeine Umsatzsteuer beträgt bei jedem steuerpflichtigen Umsatz des Kalenderjahrs 1924 zweieinhalb vom Hundert des Entgelts.

(2) Soweit der Steuersatz der allgemeinen Umsatzsteuer nach Abs. 1 zweieinhalb vom Hundert beträgt, ermäßigt sich die Steuer für die im Kalenderjahre 1924 erfolgte Übernahme von Anzeigen nach § 26 bei Zeitungen und Zeitschriften von den auf die ersten dreitausend Goldmark folgenden tausend Goldmark auf zwei vom Hundert und beträgt von den darüber hinausgehenden Beträgen zweieinhalb vom Hundert.

§ 3.

Der Reichsminister der Finanzen kann anordnen, daß die Veranlagung der Umsätze des Kalenderjahrs 1923 allgemein oder für bestimmte Gruppen von Steuerpflichtigen unterbleibt oder auf bestimmte Monate des Kalenderjahrs beschränkt wird.

§ 4.

Die Bestimmungen der §§ 1 und 3 finden auf die Abgabe nach § 2 des Gesetzes über Maßnahmen gegen die wirtschaftliche Notlage der Presse vom 21. Juli 1922 (Reichsgesetzbl. I S. 629) in der Fassung des Gesetzes vom 3. März 1923 (RGBl. I S. 159) sinngemäße Anwendung.

§ 5.

(1) § 1 Nr. 1 tritt am 1. Januar 1924 in Kraft. Im übrigen treten die Bestimmungen des Artikel IV mit dem Tage, der auf den Tag der Verkündung folgt, in Kraft. Mit diesem Zeitpunkt treten die Verordnung über die Leistung von Abschlagszahlungen auf die Umsatzsteuer vom 4. August 1923 (Reichsgesetzbl. I S. 761) und Artikel IV des Gesetzes über Vorauszahlungen auf die Einkommen-, Körperschafts- und Umsatzsteuer vom 11. August 1923 (Reichsgesetzbl. I S. 773) außer Kraft.

(2) Ist eine Steuer für eine Lieferung oder sonstige Leistung zu entrichten, die nach den bisherigen Vorschriften einem niedrigeren Satze unterlag, so richtet sich die Höhe des Steuersatzes nur dann nach § 2, wenn sowohl die Vereinnahmung als auch die Lieferung oder sonstige Leistung nach dem 31. Dezember 1923 liegen. Die Vorschrift des Satz 1 tritt mit dem 31. Dezember 1924 außer Kraft. § 46 Abs. 5 des Umsatzsteuergesetzes findet entsprechende Anwendung.

4. Nachtrag zu Kloß, Umsatzsteuergesetz.

1. Verordnung des Reichspräsidenten über wirtschaftlich notwendige Steuermilderungen.

Vom 14. September 1924. (RGBl. Teil I S. 707).

Auf Grund des Artikel 48 der Reichsverfassung wird folgendes bestimmt:

Artikel I

Der Satz der allgemeinen Umsatzsteuer wird von zweieinhalb vom Hundert auf zwei vom Hundert ermäßigt; § 2 des Artikel IV der Zweiten Steuernotverordnung vom 19. Dezember 1923 (Reichsgesetzbl. I S 1205) tritt außer Kraft.

Artikel II

. . . .

Artikel III

Der Reichsminister der Finanzen wird ermächtigt, die erforderlichen Übergangsbestimmungen zu treffen.

Artikel IV

Die Vorschriften der Artikel I und II treten mit dem 1. Oktober 1924, im übrigen tritt die Verordnung mit dem auf ihre Verkündung im Reichsgesetzblatt folgenden Tage in Kraft.

2. Durchführungsbestimmungen über die Herabsetzung der Umsatzsteuer.

Vom 24. September 1924. (RGBl. Teil I S. 709).

Auf Grund des Artikel III der Verordnung des Reichspräsidenten über wirtschaftlich notwendige Steuermilderungen vom 14. September 1924 (Reichsgesetzbl. I S. 707) wird folgendes bestimmt:

§ 1

Ist eine Umsatzsteuer für eine Lieferung oder sonstige Leistung zu entrichten, die nach den vor dem 1. Oktober 1924 geltenden Vorschriften einem Steuersatze von zweieinhalb vom Hundert unterlag, so richtet sich die Höhe des Steuersatzes dann nach den Vorschriften der Verordnung vom 14. September 1924, wenn bei der Versteuerung nach vereinnahmten Entgelten die Vereinnahmung, bei der Versteuerung nach Leistungen die Lieferung oder sonstige Leistung nach dem 30. September 1924 liegt. Maßgebend ist die Versteuerungsart, die für den Steuerpflichtigen am 15. September 1924 galt.

§ 2

Beträgt die Umsatzsteuer eines Unternehmers für Leistungen aus Verträgen, die vor dem 25. September 1924 abgeschlossen sind, nach § 1 nur zwei vom Hundert, so ist er mangels abweichender Vereinbarung verpflichtet, dem Empfänger der Leistung einen Nachlaß vom Entgelt zu gewähren, der der Minderung der auf die Leistung entfallenden Umsatzsteuer entspricht. Dieser Anspruch bildet keinen Grund zur Vertragsaufhebung.

§ 3

(1) Der Vergütungsanspruch des Ausfuhrhändlers nach § 4 des Umsatzsteuergesetzes beträgt für die Fälle der allgemeinen Umsatzsteuer zweieinhalb vom Hundert, wenn der Umsatz ins Ausland vor dem 1. Januar 1925 getätigt wird.

(2) Die Bestimmung des Absatz 1 gilt nicht für Vergütungsansprüche, die nach dem 31. Januar 1925 bei einer Steuerbehörde des Reichs geltend gemacht werden.

3. Zweite Verordnung des Reichspräsidenten über wirtschaftlich notwendige Steuermilderungen.

Vom 10. November 1924. (RGBl. Teil I S. 737).

Auf Grund des Art. 48 der Reichsverfassung wird folgendes bestimmt:

Artikel I

. . . .

Artikel II

Umsatzsteuer.

§ 1

Der Satz der allgemeinen Umsatzsteuer wird von zwei vom Hundert auf einundeinhalb vom Hundert ermäßigt.

§ 2

(1) Der Satz der erhöhten Umsatzsteuer der §§ 15 und 21 des Umsatzsteuergesetzes wird von fünfzehn vom Hundert auf zehn vom Hundert ermäßigt.

(2) Der Vergütungsbetrag nach § 20 des Umsatzsteuergesetzes wird auf sechs vom Hundert ermäßigt.

§ 3

Im § 23 Abs. 1 Nr. 3 des Umsatzsteuergesetzes werden hinter den Worten „§ 15 unter I Nr. 1" die Zahlen „2" und „5" und hinter den Worten „unter II Nr." die Zahl „1" gestrichen.

§ 4

Der § 23 Abs. 1 Nr. 5 und der § 41 des Umsatzsteuergesetzes werden gestrichen.

§ 5

Der § 25 Abs. 2 des Umsatzsteuergesetzes wird gestrichen.

Artikel III

. . . .

Artikel IV

Überleitungs- und Schlußbestimmungen.

§ 1

Vom Monat Dezember 1924 ab bis zum Schlusse des Rechnungsjahres 1924 gewährleistet das Reich den Ländern für jeden Kalendermonat den Betrag der Anteile an Einkommensteuer, Körperschaftssteuer und Umsatzsteuer, den sie im Durchschnitt der Monate August und September 1924 erhalten haben.

§ 2

Der Reichsminister der Finanzen wird ermächtigt, die erforderlichen Übergangsbestimmungen zu treffen.

§ 3

Der Artikel II tritt mit dem 1. Januar 1925, der Artikel III mit Wirkung vom 20 Oktober 1924, im übrigen tritt die Verordnung mit dem auf hre Verkündigung im Reichsgesetzblatt folgenden Tage in Kraft.

4. Durchführungsbestimmungen über die zweite Herabsetzung der Umsatzsteuer.

Vom 3. Dezember 1924. (RGBl. Teil I S. 763).

Auf Grund des Art. IV § 2 der Zweiten Verordnung des Reichspräsidenten über wirtschaftlich notwendige Steuermilderungen vom 10. November 1924 (Reichsgesetzbl. I S. 737) wird folgendes bestimmt:

§ 1

(1) Ist eine Umsatzsteuer für eine Lieferung oder sonstige Leistung zu entrichten, die nach den vor dem 1. Januar 1925 geltenden Vorschriften einem Steuersatze von zwei oder fünfzehn vom Hundert unterlag, so richtet sich die Höhe des Steuersatzes dann nach den Vorschriften des Art. II § 1 und § 2 Abs. 1 der Verordnung vom 10. November 1924, wenn bei der Versteuerung nach vereinnahmten Entgelten die Vereinnahmung, bei der Versteuerung nach Leistungen die Lieferung oder sonstige Leistung nach dem 31. Dezember 1924 liegt. Maßgebend ist die Versteuerungsart die für den Steuerpflichtigen am 1. Dezember 1924 galt.

(2) Abweichend von der Bestimmung des Abs 1 haben die nach § 15 oder § 21 des Umsatzsteuergesetzes steuerpflichtigen Unternehmer auch bei der Versteuerung nach vereinnahmten Entgelten Beträge, die sie in der Zeit vom 16. bis zum 31. Dezember 1924 als Anzahlungen auf nach dem 31. Dezember 1924 zu bewirkende Lieferungen vereinnahmen, nur nach dem Steuersatze von zehn vom Hundert zu versteuern.

§ 2

Das Verbringen von Gegenständen des § 15 des Umsatzsteuergesetzes (§ 17 Nr. 3) oder die Lieferung von Gegenständen des § 21 des Umsatzsteuergesetzes (§ 23 Abs. 1 Nr. 4) ins Inland unterliegt dem Steuersatze von zehn vom Hundert, wenn das Verbringen oder die Lieferung nach dem 31. Dezember 1924 erfolgt.

§ 3

In den Fällen des Art. II § 3 und § 5 der Verordnung vom 10. November 1924 ist die Lieferung oder Leistung von der erhöhten Umsatzsteuer befreit, wenn das Entgelt nach dem 31. Dezember 1924 vereinnahmt wird.

§ 4

Der Vergütungsanspruch des Erwerbers nach § 20 des Umsatzsteuergesetzes beträgt zehn vom Hundert des entrichteten Entgelts, wenn der Vergütungsanspruch vor dem 1. März 1925 bei einer Steuerbehörde des Reichs geltend gemacht wird.

§ 5

Beträgt die Umsatzsteuer eines Unternehmers für Leistungen aus Verträgen, die vor dem 15. November 1924 abgeschlossen worden sind, nach § 1 nur eineinhalb oder zehn vom Hundert oder sind nach § 3 Leistungen aus solchen Verträgen von der erhöhten Umsatzsteuer befreit, so ist der Steuerpflichtige mangels abweichender Vereinbarung verpflichtet, dem Empfänger der Leistung einen Nachlaß vom Entgelt zu gewähren, der der Minderung der auf die Leistung entfallenden Umsatzsteuer infolge der Herabsetzung des Steuersatzes oder infolge der Befreiung von der erhöhten Umsatzsteuer entspricht. Ist der Vertrag vor dem 25. September 1924 abgeschlossen worden, so erstreckt sich der Anspruch auf Preisnachlaß auch auf die durch die Verordnung vom 14. September 1924 begründete Minderung. Der Anspruch auf Preisnachlaß bildet keinen Grund zur Vertragsaufhebung.

§ 6

(1) Der Vergütungsanspruch des Ausfuhrhändlers nach § 4 des Umsatzsteuergesetzes beträgt für die Fälle der allgemeinen Umsatzsteuer zwei vom Hundert, für die Fälle der erhöhten Umsatzsteuer fünfzehn vom Hundert, wenn der Umsatz ins Ausland in der Zeit zwischen dem 1. Januar 1925 und dem 31. März 1925 getätigt wird.

(2) Die Bestimmung des Abs. 1 gilt nicht für Vergütungsansprüche, die nach dem 30. April 1925 bei einer Steuerbehörde des Reichs geltend gemacht werden.

Umsatzsteuergesetz

vom 24. Dezember 1919

in der Fassung des Abänderungsgesetzes vom 8. April 1922

mit den Ergebnissen der Rechtsprechung des Reichsfinanzhofs

Von

Dr. R. Kloß

Senatspräsident am Reichsfinanzhof

1922

München, Berlin und Leipzig

J. Schweitzer Verlag (Arthur Sellier).

Universitäts-Buchdruckerei von Junge & Sohn Erlangen.

Inhaltsverzeichnis.

Abkürzungen.

ASt R. = Allgemeine Steuerrundschau.
DSt Bl. = Deutsches Steuerblatt.
JW. = Juristische Wochenschrift.
NSt R. = Neue Steuerrundschau.
n. v. = nicht veröffentlicht.
RGBl. = Reichsgesetzblatt.
RSt Bl. = Reichssteuerblatt.
S. = Sammlung der Entscheidungen und Gutachten des Reichsfinanzhofs.
St A. = Steuerarchiv.

Vorwort.

Zu den vorhandenen, zum teil ganz hervorragenden Kommentaren des Umsatzsteuergesetzes noch einen weiteren zu schreiben erscheint nicht unmöglich. Es wäre auch nicht unmöglich, in einem solchen neuen Erläuterungsbuche hier und da einen neuen Gedanken auszuführen, der bisher noch nicht zur Sprache gebracht oder doch nur ganz flüchtig gestreift worden ist. Ein Bedürfnis nach einer solchen Bearbeitung besteht indessen nicht, sie würde nur eine unwirtschaftliche Belastung des Büchermarktes bedeuten. Wohl aber wünschen Steuerpflichtige und Steuerbehörden zu erfahren, welche maßgebende Auslegung die zum teil recht zweifelhaften Vorschriften des Gesetzes in der Rechtsprechung des Reichsfinanzhofes als des obersten Reichssteuergerichts gefunden haben, um danach die Geschäftsgebahrung und die Veranlagung einzurichten. Unter diesem Gesichtspunkt habe ich geglaubt, dem begreiflichen Wunsche des Verlages, der in seiner bewährten Sammlung erläuterter Gesetzesausgaben ein so wichtiges Gesetz wie das Umsatzsteuergesetz nicht missen will, Rechnung tragen zu sollen. Unter diesem Gesichtspunkt bitte ich das vorliegende Werk würdigen zu wollen.

Bei dem beschränkten Zweck des Buches konnte von der Aufnahme der umfangreichen Ausführungsbestimmungen abgesehen werden. Die wenigen dazu ergangenen Entscheidungen des Reichsfinanzhofes sind bei den einschlagenden Paragraphen des Gesetzes angeführt.

Der Nachtrag wolle nicht übersehen werden.

München, am 10. April 1922.

Dr. Kloß.

I.

Gesetz,

betreffend Abänderung des Umsatzsteuergesetzes vom 24. Dezember 1919 (Anlage 5 des Gesetzes über Änderungen im Finanzwesen, vom 8. April 1922; RGBl. S. 373).

Artikel 1.

Das Umsatzsteuergesetz vom 24. Dezember 1919 (Reichsgesetzbl. S. 2157) wird, wie folgt, geändert:

1. Die Änderungen sind nachstehend bei den einzelnen Paragraphen des Gesetzes durch fetten Druck hervorgehoben.

Artikel 2.

Die Bestimmungen über die Abgrenzung der luxussteuerpflichtigen Gegenstände nach § 16 des Umsatzsteuergesetzes sind im Sinne einer völligen Umarbeitung und Vereinfachung sowie wesentlicher Einschränkung des Umfanges der luxussteuerpflichtigen Gegenstände neu zu fassen, wobei die hochwertige deutsche Arbeitsleistung zu schützen ist. Ist die neue Fassung nicht bis zum 1. Oktober 1922 dem Reichstage vorgelegt, so treten die Vorschriften der §§ 15 bis 24 außer Kraft.

Artikel 3.

Der § 212 Abs. 3 der Reichsabgabeordnung findet auf die Umsatzsteuer keine Anwendung.

1. Nach dieser Vorschrift ist die Neuveranlagung auf Grund einer Nachprüfung durch die Aufsichtsbehörde ausgeschlossen.

Artikel 4.

Dieses Gesetz tritt am 1. Januar 1922 in Kraft.

Ist nach diesem Gesetz eine Steuer für eine Lieferung oder sonstige Leistung zu entrichten, die nach dem Umsatzsteuergesetze vom

24. Dezember 1919 steuerfrei war oder einem niedrigeren Satze unterlag, so richtet sich die Höhe des Steuersatzes nur dann nach dem gegenwärtigen Gesetze, wenn sowohl die Vereinnahmung als auch die Lieferung oder sonstige Leistung nach dem 31. Dezember 1921 liegen.

Die Vorschrift des Abs. 2 tritt mit dem 31. Dezember 1922 außer Kraft.

Die Nachprüfung der in Artikel 1 Nr. 7 dieses Gesetzes vorgesehenen Voraussetzungen für die Steuerbefreiung im Berufungsverfahren ist ohne Rücksicht darauf zulässig, ob eine Entscheidung nach § 3 Nr 3 des Umsatzsteuergesetzes in der Fassung vom 24. Dezember 1919 ergangen ist. Dies gilt nicht für Umsätze der Kalenderjahre 1920 und 1921, soweit die Entscheidung unanfechtbar ist.

§ 46 Abs. 5 des Umsatzsteuergesetzes vom 24. Dezember 1919 findet entsprechende Anwendung, es bleiben aber bis zum 30. Juni 1922 bewirkte Umsätze in das Ausland von der Besteuerung ausgenommen, wenn der Lieferer nachweist, daß der Vertrag über die Lieferung in das Ausland vor dem Inkrafttreten dieses Gesetzes mit fester Preisvereinbarung abgeschlossen worden ist. Der Reichsrat ist ermächtigt, nähere Bestimmungen über die Art des Nachweises zu erlassen.

1. Vgl. die Anmerkungen zu § 46 des Gesetzes von 1919.

2. In Rücksicht auf die Vorschrift im 4. Absatz, die sich auf die Änderung von § 3 Nr. 3 bezieht (Anerkennung der ausschließlichen Gemeinnützigkeit oder Wohltätigkeit eines Unternehmens), hat der Reichsfinanzhof sämtliche am Tage der Bekanntmachung der Novelle bei ihm anhängigen Rechtsbeschwerden, die auf § 3 des bisherigen Gesetzes gestützt waren, für erledigt erklärt.

II.

Umsatzsteuergesetz.

Vom 24. Dezember 1919 (Reichsgesetzbl. S. 2157)

in der Fassung des Abänderungsgesetzes vom 8. April 1922 (RGBl. S. 373).

Die verfassunggebende Deutsche Nationalversammlung hat das folgende Gesetz beschlossen, das mit Zustimmung des Reichsrats hiermit verkündet wird:

1. Allgemeine Vorschriften. Die allgemeine Umsatzsteuer auf Lieferungen und sonstige Leistungen.

§ 1.

Der Umsatzsteuer unterliegen:

1. Lieferungen und sonstige Leistungen, die jemand innerhalb der von ihm selbständig ausgeübten gewerblichen oder beruflichen Tätigkeit im Inland gegen Entgelt ausführt. Als gewerbliche Tätigkeit gelten für dieses Gesetz auch die Urerzeugung und der Handel. Die Steuerpflicht wird weder dadurch ausgeschlossen, daß die Absicht, Gewinn zu erzielen, fehlt, oder ein Verein, eine Gesellschaft oder eine Genossenschaft, die nur an die eigenen Mitglieder liefern, die Tätigkeit ausüben, noch dadurch, daß die Leistung auf Grund gesetzlicher oder behördlicher Anordnung bewirkt wird oder kraft gesetzlicher Vorschrift als bewirkt gilt.
2. Entnahmen von Gegenständen aus dem eigenen Betrieb, um sie zu Zwecken, die außerhalb der gewerblichen oder beruflichen Tätigkeit liegen, zu gebrauchen oder verbrauchen.
3. Lieferungen auf Grund einer Versteigerung, auch wenn der Auftraggeber keine gewerbliche oder berufliche Tätigkeit ausübt, es sei denn, daß die Versteigerung im Wege der Zwangsvollstreckung oder unter Miterben zur Teilung eines Nachlasses erfolgt oder Grundstücke und Berechtigungen betrifft, auf welche die Vorschriften des bürgerlichen Rechtes über Grundstücke Anwendung finden.

I. Leistungen.

1. Verhältnis zum Bürgerlichen Recht.

a) Was als entgeltliche Lieferung oder sonstige Leistung im Sinne von § 1 Abs. 1 anzusehen ist und wer hiernach als Lieferer oder Leistender zu gelten hat, ist nach den Grundsätzen des Rechtsverkehrs, nicht des wirtschaftlichen Verkehrs zu entscheiden. Mit dieser Begründung hat der RFH. bei einem Winzerverein, der die Erzeugnisse seiner Genossen diesen abkaufte, abnahm und dann weiterlieferte, je einen Umsatz zwischen den Winzern und dem Verein sowie zwischen dem Verein und den Abnehmern angenommen, während die Beteiligten nur einen einzigen Umsatz und zwar zwischen den Winzern und den Abnehmern für vorliegend erachteten (U. v. 16. April 20 II A 65/20 S. 2, 275).

b) Trotz jenes allgemeinen Grundsatzes ist die Neigung des RFH nicht zu verkennen, sich bei Auslegung des UStG. von den Fesseln des bürgerlichen Rechts frei zu machen, wo die wirtschaftlichen Bedürfnisse und der Zweck des Gesetzes es erfordern. Jener Grundsatz, der für das UStG. 1918 ausgesprochen ist, bindet ja auch den RFH. nicht bei der Auslegung des späteren Gesetzes. Demgemäß hat sich der RFH. nicht für behindert erachtet, die von tumultuierenden Arbeitern unter Führung von Arbeiterkontrolleuren mit Plünderungsandrohung erzwungene Abgabe von Bedarfsartikeln zum halben Preise für umsatzsteuerfrei zu erklären, weil darin keine Leistung sondern ein Vorgang zu erblicken sei, der physischem Zwang gleichstehe; den dem § 123 BGB. zugrunde liegenden Gedankengang, daß auch eine durch widerrechtliche Drohung ausgelöste Rechtshandlung gültig ist, wenn sie nicht mit Erfolg angefochten wird, hat der RFH. in diesem Falle abgelehnt (U. v 11. Okt. 21 V A 59/21 S. 7, 82).

c) Andererseits steht der Erhebung der Umsatzsteuer der Umstand nicht entgegen, daß das Lieferungsgeschäft wegen Betrugs angefochten wird oder anfechtbar ist, solange nicht die Leistung und das Entgelt zurückgewährt werden (U. v 22. Nov. 21 V A 212/21 n. v.).

d) Auch die Unsittlichkeit oder Gesetzwidrigkeit eines Umsatzgeschäftes steht der Besteuerung der bewirkten Umsätze nicht entgegen; U. v. 24. Jan. 22 V A 101/21 S. 8, 140 (Vermietung von Zimmern in Bordellen), U. v. 28. April 22 V A 251/22 n. v. (Schmuggelware).

e) Über die bürgerlich-rechtliche Konstruktion des Eigentumsverlustes und Erwerbes durch Vermischung hat sich der RFH. in einem Fall hinweggesetzt, wo jemand Gold einem Unternehmer zur Verarbeitung zu Ringen hingab, sich aber darüber klar war, daß er nicht dasselbe hingegebene Gold im verarbeiteten Zustand zurückerhalten werde, sondern anderes gleichwertiges Gold, das der Unternehmer seinen Vorräten entnahm; der RFH. hat hier nicht zwei Lieferungen, sondern einen Werkvertrag für vorliegend erachtet, weil für den Besteller das hingegebene Gold und das Gold, das er zurückerhielt, den gleichen Gegenstand darstellte und nicht die eine Menge Goldes das Entgelt für die andere Menge war (U. v. 3. Okt. 21 V A 11/21 S. 7, 277).

f) Wegen sonstiger Abweichungen von Grundsätzen des bürgerlichen Rechts vgl. zu § 7 (Besitzlehre, Recht des Kommissionärs), zu § 11 (Rechtsfähigkeit).

2. Zum Begriff der Leistung gehört, daß sie einem anderen gegenüber vorgenommen wird.

a) Es müssen sich also zwei steuerliche Rechtspersönlichkeiten gegenüberstehen; vgl. zu § 11.

b) Macht jemand Aufwendungen zur **Vorbereitung** der an einen anderen künftig zu bewirkenden Leistung, indem er Maschinen und Rohstoffe anschafft, um damit die vom anderen bestellte Ware herzustellen, so liegt in jenen Maßnahmen noch keine Leistung an den Andern; wird der Lieferungsvertrag mit dem anderen gegen Abfindung aufgehoben, so kann die Abfindung demnach nicht als Entgelt für eine Leistung angesehen werden (U. v. 28. Dez. 20 II A 319/20 S. 4, 231).

c) Eine Leistung liegt auch in der vertraglich zugesagten **Bereitwilligkeit**, im Interesse eines andern tätig zu werden, selbst wenn die in Aussicht genommenen Umstände nicht eintreten und infolgedessen eine Tätigkeit nicht entfaltet wird; so für den Vertreter einer englischen Importfirma, der nötigenfalls in deren Interesse in Deutschland eingreifen sollte und dafür eine regelmäßige Provision bezog ohne daß bisher ein Fall seines Eingreifens notwendig war (U. v. 10 Nov. 21 V A 102/21 S. 7, 273).

3. **Aufhebender Vertrag.**

a) In dem U. v. 28. Dez. 20 II A 319/20 S. 4, 231 ist ausgesprochen, daß keine Leistung, sondern das Gegenteil davon, die Abstandnahme von einer Leistung, vorliegt, wenn jemand gegen Entgelt in Aufhebung eines gegenseitigen Vertrages willigt und auf dessen Erfüllung verzichtet.

b) Ebensowenig ist eine Leistung anzunehmen, wenn infolge der Aufhebung des Vertrags der Leistungsgegenstand gegen Rückgewähr des Entgelts zurückgegeben wird (U. v. 26. April 21 II A 116/21 S. 5, 233).

c) Anders ist die Sachlage zu beurteilen, wenn der nachmals aufgehobene Vertrag zum Teil erfüllt ist und insoweit eine Gegenleistung gewährt wird (U. v. 17. Dez. 19 II A 292/19 S. 2, 67).

4. **Leistungen besonderer Art.**

Als Leistungen im Sinne von § 1 Abs. 1 sind insbesondere angesehen worden:

a) **Der Umsatz von Grundstücken** (U. v. 3. März 20 II A 28/20 S. 2, 176; G. v. 17. Dez. 20 II D 9/20 S. 4, 92; U. v. 3. Dez. 20 II A 357/20 RStBl. 1921, 56; U. v. 24. Dez. 20 II A 238/20 RStBl. 1920, 585; U. v. 8. April 21 II A 387/20 S. 5, 241).

b) **Die Tätigkeit eines Kreditreformvereins**, die darin besteht, daß der Verein seinen Mitgliedern gegen besondere **Gebühren** Auskünfte vermittelt und bei der Einziehung von Forderungen behilflich ist (U. v. 8. April 20 II A 60/20 S. 2, 228).

c) **Die Abgabe elektrischen Stromes**, den ein Elektrizitätswerk von einem anderen Werk bezieht, an Dritte, wobei die Frage offen gelassen ist, ob der elektrische Strom als bewegliche Sache anzusehen sei oder nicht (U. v 28. April 20 II A 62/20 S. 2, 303). Vgl. hierzu jetzt aber § 7 Abs. 3 in der Fassung der Novelle.

II. Entgelt.

5. a) Für den Begriff der gegen Entgelt ausgeführten Leistung ist nicht wesentlich, daß ein gegenseitiges Vertragsverhältnis vorliegt. Auch bei der **Auslobung** ist Umsatzsteuer zu erheben, wenn die Leistung im Hinblick auf die Auslobung vorgenommen wird. Deshalb ist in der **Unter-**

haltung eines Rennstalles zum Zwecke des Gewinnes von Rennpreisen die Ausübung einer gewerblichen Tätigkeit im Sinne von § 1 Abs. 1 erblickt worden (U. v. 15. Nov. 21 II V A 201 21 S. 7, 244).

b) Weil keine Leistung, die abgegolten wurde, vorlag, ist von der Erhebung von Umsatzsteuer wegen des Geldbetrags abgesehen worden, der als Schadensersatz für die Beschlagnahme der Räume eines Lichtspieltheaters durch die Besatzungsbehörde gewährt worden ist, weil der Betrieb infolge der Beschlagnahme eingestellt worden war (U. v. 10. Nov. 21 V A 201/21 S. 7, 306).

c) Kein Entgelt ist zu erblicken in Vereinsbeiträgen, soweit sie nicht als Vergütungen für besondere Gegenleistungen des Vereins (vgl. oben Anm. 4 b) anzusehen sind (U. v. 8. April 20 II A 60/20 S. 2, 228; U. v. 3. Dez. 20 II A 321/20 S. 4, 65). Unter demselben Gesichtspunkt ist die Abgabe, die die dem Rheinisch-Westfälischen Kohlensyndikat angeschlossenen Zechen von ihren Betriebsergebnissen an das Syndikat zu entrichten haben, umsatzsteuerfrei gelassen worden (U. v. 5. Nov. 20 II A 257/20 S. 4, 172). Weiter sind umsatzsteuerfrei Vereinsbeiträge in denen Umlagen erblickt werden, die ein von Fabrikanten zur Förderung des Absatzes ihrer Produkte gegründeter Verein zur Deckung seiner Unkosten erhob, die Förderung des Absatzes geschah durch Gewährung von Ausfuhrvergütungen, durch Verteilung der Absatzgebiete u. dergl. (U. v. 18. April 22 V A 207/21 n. v.).

d) Die Feststellung, daß Zahlungen, die das Rote Kreuz an ein Lazarett nach der Kopfzahl der verpflegten Kranken entrichtet, kein Entgelt für die Leistungen des Lazaretts, sondern umsatzsteuerfreie Betriebszuschüsse sein könnten, hat der RFH. von weiteren tatsächlichen Ermittlungen durch die Vorinstanz abhängig gemacht (U. v. 29. April 21 II A 38/21 n. v.).

e) Ebenso ist verfahren worden bei Beurteilung der Frage, ob ein Bieraufschlag, den eine Brauerei zur Deckung von Mietzinsforderungen Dritter an ihre Bierabnehmer (Schankwirte), ohne besondere Vergütung seitens der Vermieter zu erhalten, von ihren Bierabnehmern erhob, als Entgelt für das gelieferte Bier oder als unentgeltliche Dienstleistung den Vermietern gegenüber anzusehen war (U. v. 15. Okt 20 II A 192/20 n. v.).

f) Wegen Fehlens der Entgeltlichkeit ist in der Uebernahme der Verteilung von rationierten Lebensmitteln durch drei Beteiligte, wobei diese nur den vom Verteiler ausgelegten Preis diesem ersetzten, keine gewerbliche Tätigkeit erblickt worden (U. v. 24. Nov. 21 V A 198/21 n. v.).

III. Gewerbliche Tätigkeit.

6. a) Den jetzt im Gesetz ausdrücklich ausgesprochenen Grundsatz, daß die gewerbliche Tätigkeit nicht die Absicht der Gewinnerzielung voraussetzt, sondern daß sie lediglich auf Erzielung von Einnahmen gerichtet zu sein braucht, hat der RFH. schon vor dem UStG. 1919 aufgestellt (G. v. 7. Febr. 19 II D 1/19 S. 1, 12 B; U. v. 8. April 20 II A 60/20 S. 2, 228).

b) Deshalb steht der Umstand, daß die gewerbliche Tätigkeit innerhalb des Steuerabschnittes im Ergebnis Verlust gezeitigt hat, der Veranlagung zur Umsatzsteuer nicht entgegen (U. v. 22. Nov. 21 V A 213/21 AStR. 1922, 315).

c) Ideale Beweggründe hindern nicht die Annahme einer gewerblichen Tätigkeit, das ist ausgesprochen worden für Schauspielunternehmungen (U. v. 3 Dez. 19 II A S. 2, 66).

7. Die Tätigkeit muß nachhaltig in Aussicht genommen sein. Deshalb unterliegt die entgeltliche nachhaltige Vermietung von möblierten Zimmern, auch wenn sie durch Privatpersonen erfolgt, der allgemeinen Umsatzsteuer nach § 1, soweit nicht die Voraussetzungen des § 25 Abs. 1 Nr. 2 für die Erhebung einer erhöhten Umsatzsteuer gegeben sind. Der Annahme der gewerblichen Tätigkeit steht nichts entgegen, wenn sich die Absicht der Vermietung auf eine von vornherein begrenzte Zeitdauer bezieht (U. v. 18. Januar 22 V A 294/21 S. 8, 121).

Ebenso ist der sich längere Zeit hinziehende Verkauf ererbten Grundbesitzes in einzelnen Teilstücken, der vorgenommen wird, weil der Besitzer seine Kräfte nicht durch die Verwaltung des Grundbesitzes beeinträchtigt wissen, sondern einem neuen Arbeitsfeld widmen will, als gewerbsmäßige Betätigung im Sinne des § 1 Abs. 1 angesehen worden (U. v. 18. Januar 22 V A 61/21 n. v.).

8. Die Wahrnehmung öffentlich-rechtlicher Funktionen stellt keine gewerbliche Tätigkeit dar.

a) Das hindert aber nicht, daß öffentliche Korporationen oder öffentlich zu gewissen Verrichtungen zugelassen oder bestellte Personen in Wahrnehmung dieser Verrichtungen am Privatgeschäftsverkehr teilnehmen und damit eine gewerbliche Tätigkeit ausüben; so der Reichs- und Preußische Staatsanzeiger (U. v. 16. Juni 20 II A 120 20 S. 3, 95); eine staatliche Strombauverwaltung, die bei der Instandhaltung des Wasserlaufs gewonnenen Kies, ferner Weiden und dergleichen regelmäßig veräußert (U. v. 24. November 20 V A 119 21 S. 7, 275); ein Holzvermessungsamt (U. v. 18. März 21 II A 22/21 RStBl. 1921, 238); Bezirksschornsteinfegermeister (U. v. 12. Mai 20 II A 94/20 S. 2, 339); Zwangsverwalter (U. v. 28. April 20 II A 117/20 S. 2, 313; U. v. 28. März 20 II A 424/20 S. 5, 136); Lotsen (U. v. 12. Mai 20 II A 58/20 S. 2, 338).

b) Erst recht wird die Annahme einer gewerblichen Tätigkeit nicht dadurch ausgeschlossen, daß die Tätigkeit im öffentlichen Interesse erfolgt, so die Tätigkeit eines im Genossenschaftswesen wirkenden Revisionsverbandes, der wegen der Beiträge, die die Genossenschaften an ihn zur Deckung der Revisionskosten entrichten für umsatzsteuerpflichtig erachtet worden ist (U. v. 24. Juni 21 II A 223/21 S. 6, 93) — jetzt überholt durch § 2 Nr. 12.

IV. Selbständige gewerbliche Tätigkeit.

9. Subjektives Erfordernis der Selbständigkeit ist Handeln im eigenen Namen Ob die Tätigkeit auch auf Rechnung des Handelnden geht, spielt keine Rolle. Hieraus erklärt sich die steuerliche Beurteilung des Kommissionärs; vgl. zu § 7 Anm 11. Hervorzuheben ist dazu ein U. v. 24. Nov. 21 V A 219 21 (n. v.) wo gesagt ist, daß ein Einkaufskommissionär auch dann Einkaufskommissionär bleibt, wenn seine Beziehungen zu seinem Auftraggeber seinen Kunden bekannt sind.

10. Aber auch wenn jemand im eigenen Namen im Erwerbsleben handelnd auftritt, ist noch die objektive Selbständigkeit zu prüfen.

a) Eine die Umsatzsteuerpflicht ausschließende Unselbständigkeit des Gewerbebetriebs liegt vor, wenn jemand in den geschäftlichen Organismus eines andern so eingegliedert ist, daß er dessen Weisungen zu folgen verpflichtet ist (U. v. 12. Mai 20 II A 94/20 RStBl. 1920, 357), wenn er seine ganze Arbeitskraft in den Dienst des andern stellt, sodaß er dessen Anordnungen hinsichtlich des Ortes, der Zeit und der Art und Weise seiner Tätigkeit nachgehen muß, wenn er sich also in persönliche Abhängigkeit begibt (U. v. 5. Nov. 20 II A 257/20 S. 4, 172). Vgl. noch U. v. 17. Mai 21 II A 65—71/21 S. 5, 317 (Pfälzische Winzerwirte, bei denen das ausschlaggebende Gewicht auf ihre gesamte wirtschaftliche und gesellschaftliche Stellung gelegt worden ist); U. v. 28. Januar 21 II A 304/20 (Übernahme bestimmter Arbeiten für ein Bergwerksunternehmen durch eine Zwischenperson, für deren Stellung als entscheidend angesehen worden ist, ob die Zwischenperson die Arbeiten als selbständiger Unternehmer auf Grund eines Werkvertrages oder als Aufsichtsorgan des Bergwerks auf Grund eines Dienstvertrags ausführt und ob die hierbei beschäftigten Arbeiter als solche der Zwischenperson oder des Bergwerks nach Maßgabe des wirklichen Willens der Beteiligten unter Berücksichtigung aller für die Art der Arbeitsleistungen in Betracht kommenden Verhältnisse zu gelten haben); U. v. 27. Mai 21 II A 130/21 n. v. (selbständiger Zwischenmeister im Schneidergewerbe); U. v. 3. Dez. 20 II A 315/20 S. 4, 81 (Ratsmaurer- und Zimmermeister in Berlin als unselbständige Gewerbetreibende, die den für das Feuerlöschwesen zuständigen Behörden zu unweigerlichem Gehorsam verpflichtet sind; U. v. 18. März 20 II A 131/20 RStBl. 1921, 222, U. v. 6. Mai 21 II A 121/21 S. 5, 266, U. v. 23. Dez. 19 II A 171/19 n. v. (Agenten als selbständige Gewerbetreibende, da sie nach Belieben ihre Tätigkeit einrichten können, es z. B. in der Hand haben, ob sie ihre Kunden aufsuchen oder zu sich kommen lassen wollen).

Speziell über die Stellung von Generalagenten und Spezialagenten einer Versicherungsgesellschaft vgl. U. v. 6. Okt. 20 II A 141/20 S 3, 290. Erstere werden in der Regel Angestellte, letztere selbständige Gewerbetreibende sein. Vgl. auch unter c.

b) Der unselbständig im Erwerbsleben Tätige ist Angestellter; deshalb wird mitunter ein Anzeichen für die Unselbständigkeit darin erblickt, daß der Beteiligte der Angestelltenversicherung unterworfen ist (U. v. 17. Mai 21 II A 65—71/21 S. 5, 317). Für Privatlehrer, die schlechthin der Angestelltenversicherung unterfallen, kommt dieses Argument nicht in Betracht (U. v. 7. Juni 21 II A 379/21 S. 6, 87).

c) Die Tätigkeit im Dienste mehrerer Geschäftsherren setzt in der Regel Selbständigkeit des Dienstleistenden voraus, es sei denn, daß die Tätigkeit für die mehreren Geschäftsherrn so scharf getrennt ist, daß Kollisionen nicht vorkommen können und der eigenen Entschließung des Dienstleistenden nicht überlassen bleibt, für wen er im einzelnen Falle tätig werden will (U. v. 31. März 22 V A 47/21 n. v.).

11. Auch bei juristischen Personen taucht die Frage auf, ob sie objektiv selbständige Gewerbetreibende sind oder nicht.

a) Die selbständige gewerbliche Tätigkeit von juristischen Personen bildet natürlich die Regel. Sie ist in folgenden Grenzfällen als vorliegend angenommen worden: Bei einer Kohlenplatz-Betriebsgesellschaft m. b. H., deren alleinige Gesellschafter zwei Kohlen-Großhandelsfirmen sind und die auf eigenen Fuhrwerken die für beide Firmen eingehenden Brennstoffe ihren, der Betriebsgesellschaft, gehörenden Lagerplätzen zuführt und weiter an die Kunden der beiden Gesellschafter auf deren Weisung gegen Ersatz der durch diese Leistungen entstehenden Aufwendungen abliefert (U. v. 16. Nov. 20 II A 320/20 RStBl. 1921, 7); weiter für die Tätigkeit einer Gesellschaft als

Spezialagentin einer Versicherungsgesellschaft (U. v. 6. Okt. 20 II A 141/20 S. 3, 290); ferner für die Tätigkeit einer G. m. b. H., die für sich keinen eigenen Gewinn erzielen will und nur für die an ihr beteiligten Gesellschafter durch gemeinschaftliche Lagerung und Expedition ihrer Waren gegen Ersatz der Unkosten tätig wird, im übrigen aber nach außen hin nicht hervortritt (U. v. 6. Okt. 20 II A 189/20 S. 3, 281).

b) Anderseits begründet die Tatsache, daß eine Tätigkeit von einer juristischen Person ausgeübt wird, noch nicht ohne weiteres die Annahme, die juristische Person sei selbständig gewerblich tätig; vielmehr kann ihre Unselbständigkeit unter denselben Voraussetzungen wie bei natürlichen Personen (oben Anm. 10) gegeben sein. Vgl. U. v. 21. Juli 20 II A 167/20 S. 3, 231 (Aktiengesellschaft Rheinisch-Westfälisches Kohlensyndikat als Angestellte der bürgerlich-rechtlichen Syndikats-Gesellschaft), U v. 6. Okt. 20 II A 141/20 S. 3, 290 (Tätigkeit einer Gesellschaft als Spezialagent und Generalagent einer Versicherungsgesellschaft). Die Möglichkeit der Unselbständigkeit ist angenommen worden bei einer auf Veranlassung der Reichsbekleidungsstelle ins Leben gerufenen Warenbezugsgesellschaft m. b. H., die nach einem von der Reichsbekleidungsstelle genehmigten Verteilungsschlüssel die Waren auf ihre Mitglieder verteilt (U. v 12. Juli 21 II A 308 21 n. v. Weiter ist als gewerblich unselbständig eine Tochtergesellschaft angesehen worden, die für Rechnung der Muttergesellschaft (einer Hotelbetriebsgesellschaft) ein Hotel im eigenen Namen bewirtschaftet und die gesamten Einnahmen aus diesem Betrieb an die Muttergesellschaft abzuliefern hat, während die Muttergesellschaft sämtliche Betriebsausgaben trägt (U. v. 25. Juni 20 II A 290/19 RStBl. 1920, 468); dieses Urteil ist zwar für das Warenumsatzstempelgesetz ergangen, hat aber auch für die Umsatzsteuer Bedeutung. Vgl. auch das zu § 2 Nr. 4 in Anm. . . angeführte Urteil. Errichten mehrere zu einer Gesellschaft des bürgerlichen Rechts zusammengeschlossene Aktiengesellschaften eine G. m. b. H. als Verkaufsstelle, so ist diese als Angestellte der Gesellschaft des bürgerlichen Rechts anzusehen, wenn sie in deren Namen auftritt. Wenn die Firma einer solchen Verkaufsstelle zugleich die Namen ihrer Auftraggeber enthält, so handelt sie im Sinne des UStG. nicht im eigenen Namen, wenn sie Verkäufe unter jener Firma abschließt; U. v. 31. März 22 V A 48/21 (zur Veröffentlichung bestimmt).

12. Vorstehende Gesichtspunkte sind auf den Verkehr mit rationierten Waren und auf die sonstige Tätigkeit der Gewerbetreibenden innerhalb der Zwangswirtschaft angewendet worden. In der Regel ist die Selbständigkeit des mit dem Absatz solcher Waren, mit ihrer Verteilung gegen Entgelt an die Verbraucher beauftragten Unternehmers angenommen worden (U. v. 11. März 21 II A 110/21 RStBl. 1921, 201); insbesondere ist daran festgehalten worden, daß vorgeschriebene Höchstpreise, selbst wenn diese unzulänglich sind, der Annahme eines selbständigen Gewerbebetriebs im Sinne von § 1 Abs. 1 des Gesetzes nicht entgegenstehen (U. v. 4. Februar 21 II A 261/20 n. v., U. v. 4. März 21 II A 39/21 n. v., U. v. 30. März 21 II A 57/21 n. v.).

Überhaupt ist es ständige Praxis des RFH., daß die Selbständigkeit des in die Zwangswirtschaft eingegliederten Aufkäufers durch die Bindung an Schlußschein, Bezugsschein, Höchstpreise, Höchstverdienst, Ausweispflicht nicht berührt wird (U. v. 7. Januar 22 V A 266 21 S. 8 Nr. 54).

Im einzelnen sind folgende Entscheidungen hervorzuheben:

a) Für den Lebensmittelhandel überhaupt: U. v. 11. Febr. 20 II A 13/20 n. v. (der Eigentumsvorbehalt an den dem Kleinhändler von der Verteilungsstelle gelieferten Waren bis zur Abführung des Kaufpreises steht der Umsatzsteuerpflicht des Kleinhändlers nicht entgegen); U. v. 11. März 21 II A 110/21 n. v. (selbständiger Gewerbebetrieb einer für eine Kriegswirtschaftsgesellschaft tätigen Fischverteilungsstelle, die diese Bezeichnung ihrer Firma beifügte); U. v. 23. Dez. 19 II A 342/19 RStBl. 1920, 156 (selbständiger Gewerbebetrieb eines Verkäufers, der vertraglich von einer Gemeinde Kartoffeln gegen Bezahlung abnimmt und sie in einer städtischen Verkaufsstelle auf eigene Rechnung an bezugsberechtigte Einwohner weiterverkauft).

b) Gemüse- und Obstbewirtschaftung: U. v. 18. Februar 20 II A 33/20 n. v. (selbständiger Gewerbebetrieb); in einem besonderen Falle ist Unselbständigkeit des Sammelhändlers angenommen worden (U. v. 3. Dez. 20 II A 352/20 n. v.).

c) Milchbewirtschaftung (U. v. 28. April 20 II A 131/20 n. v., U. v. 15. Okt. 20 II A 328/20 n. v., U. v. 6. Mai 21 II A 140/20 n. v.).

d) Fleischbewirtschaftung: U. v. 5 Nov. 19 II A 241/19 DStBl. 2, 354.

e) Selbständige Viehaufkäufer: U. v. 11. Febr. 20 II A 231/19 n. v., U. v. 25. Febr. 20 II A 330/19 n. v., U. v. 7. Juni 21 II A 33/21 n. v. Ausnahmsweise ist ein Viehaufkäufer nach der besonderen Gestaltung des Falles als unselbständig angesehen worden (U. v. 3. Dez. 20 II A 269/20 n. v.).

f) Butterbewirtschaftung: In der Regel treten selbständige Verteiler auf: U. v. 12. Nov. 19 II A 301/19 n. v., U. v. 1. April 21 II A 432/20 n. v. Ein Butteraufkäufer ausnahmsweise unselbständig: U. v. 29. April 21 II A 37/20 n. v.

g) Eine Häuteverwertungsgesellschaft als Kommissionärin ihrer Genossen: U. v. 6. Mai 21 II A 30/21 n. v.

h) Kein selbständiger Gewerbebetrieb ist in der auf behördlicher Anordnung beruhenden entgeltlichen Rücklieferung von Feintalg an die das Rohfett liefernden Fleischer erblickt worden U v. 29. April 21 II A 101/21 n. v.

V. Berufliche Tätigkeit.

13. Die freien Berufe waren nach dem Gesetz von 1918 von der Umsatzsteuerpflicht ausgeschlossen. Diese Befreiung ist bereits durch das Gesetz von 1919 weggefallen. Die einschlagenden Urteile des RFH. haben nur noch Bedeutung zu § 30 Abs. 4. Demgemäß hat auch das U. v. 10. Nov. 20 II A 131/20 S. 4, 14 über die Erteilung von Rat in Steuersachen seitens einer Gesellschaft durch wissenschaftlich geschulte Kräfte seine Bedeutung verloren. Jetzt ist die Umsatzsteuerpflicht einer solchen Tätigkeit unbestritten gegeben.

VI. Lieferungen oder Leistungen innerhalb der gewerblichen oder beruflichen Tätigkeit.

14. a) Hilfsgeschäfte:

Zur gewerblichen oder beruflichen Tätigkeit gehören nicht nur die Lieferungen und Leistungen, die das Unternehmen in erster Linie bezweckt, sondern alle geschäftlichen Maßnahmen, die die Haupttätigkeit des Unternehmens mit sich bringt. Es genügt, um derartige Hilfsgeschäfte in die gewerbliche Tätigkeit einzuziehen, daß sie geeignet sind oder dazu dienen sollen, den Gesamtbetrieb aufrecht zu erhalten oder fortzusetzen. Entscheidend ist nicht der Gegensatz zwischen Hauptgeschäft und Nebengeschäft, sondern der zwischen der geschäftlichen Tätigkeit des Gewerbetreibenden und seinem Eigenleben. Entgeltliche Leistungen und Lieferungen sind deshalb beim Kaufmann grundsätzlich umsatzsteuerpflichtig, bei der Aktiengesellschaft sogar ausnahmslos; denn bei dieser können Lieferungen oder Leistungen, die nicht mit ihrem geschäftlichen Unternehmen zusammenhängen, garnicht vorkommen (U. v. 10. Juli 21 II A 159/21 RStBl. 1921, 325, U. v. 20. Sept. 21 II A 247/21 S. 6, 337; vgl. auch U v. 29. Nov. 21 V A 37/21 S. 7, 298. Vgl. auch zu § 23 unter Anm. 6.

Scharf ausgeführt ist die umsatzsteuerliche Bedeutung der Hilfsgeschäfte in dem zur Veröffentlichung bestimmten U. v. 14. März 22 V A 77/21. Demnach unterliegen sie, soweit sie Lieferungen betreffen:

α) von kleinhandelluxussteuerpflichtigen Gegenständen: der erhöhten Steuer nach § 21,

β) von Gegenständen, die aus § 15 nach § 23 Abs. 1 Nr. 3 übernommen sind: der Privatluxussteuer,

γ) sonst: der allgemeinen Umsatzsteuer.

b) Beispiele solcher Hilfsgeschäfte:

Die Gewährung von Verpflegung und Wohnung seitens eines Gewerbetreibenden an seine Arbeiter (U. v. 26. März 20 II A 85/20 u. v. 15. April 21 II A 93/21 n. v.); die Fürsorge eines Unternehmers für die bei ihm tätigen Kriegsgefangenen (U. v. 26. März 20 II A 85/20 RStBl. 1920, 272); die entgeltliche Verteilung der für Schwerarbeiter zugewiesenen Lebensmittel durch eine Aktiengesellschaft an ihre Arbeiter (U. v. 10. Juli 21 II A 159/21 RStBl. 1921, 325); die gelegentliche Veräußerung von Vieh in einem landwirtschaftlichen Betrieb, auch wenn sie auf Grund einer gesetzlichen Ablieferungspflicht erfolgt (U. v. 14. Jan 20 II A 338/19 S. 2, 122) — insbesondere ausgesprochen für Leistungen zur Erfüllung des Friedensvertrags (U. v. 11. Okt. 21 V A 97/21 n. v.); — die im laufenden Betrieb erfolgende Veräußerung entbehrlicher Grundstücke oder überflüssig gewordener Gebrauchsgegenstände (U. v. 28 Dez. 20 II A 350/20 S. 4, 183; v. 24. März 21 II A 94/21 S. 5, 145).

15. Grundstücksumsätze.

Die Veräußerung von Grundstücken ist nicht nur dann umsatzsteuerpflichtig, wenn das Unternehmen des Veräußerers unmittelbar auf fortgesetzte Veräußerung von Grundstücken gerichtet ist wie z. B. bei Grundstücksverwertungsgesellschaften, sondern auch dann, wenn es sich, wie in Anm. 14 behandelt ist, um Grundstücke handelt, die zum Anlagekapital gehören, deren Verwertung aber im laufenden Betrieb angezeigt erscheint und deren Wert dem Unternehmen erhalten bleibt (G. v. 17. Dez. 20 II D 9/20 S. 4, 92).

Ferner ist als innerhalb eines Gewerbebetriebs erfolgend demnach für umsatzsteuerpflichtig erachtet worden:

Der nur gelegentlich erfolgende Verkauf von Grundstücken seitens eines Bauunternehmers, der viele Grundstücke bebaut, um sie durch Weitervermietung zu benutzen, sofern der durch den Verkauf erzielte Erlös zur Aufrechterhaltung und Fortführung der Haupttätigkeit des Bauunternehmers bestimmt ist (U. v. 8. April 21 II A 387/20 S. 5, 241; U. v. 21. Februar 1922 V A 288/21 n. v.); ebenso die gelegentliche Abstoßung eines Grundstückes einer Baugesellschaft, namentlich aber die Liquidation des umfangreichen Grundbesitzes einer Baugesellschaft (U. v. 17. Juli 21 II A 278/21 S. 6, 70); die planmäßige Fortsetzung und Abwicklung der gewerblichen Tätigkeit eines verstorbenen Bauunternehmers durch seine Erben, die mit der Absicht der Gewinnerzielung vorgenommen wird (U. v. 3. Dez. 20 II A 357/20 RStBl. 1921, 56); die Tätigkeit eines Bauunternehmers, der sein Baubüro aufgegeben hat, aber in der Folgezeit von dem behaltenen umfänglichen Grundbesitz nach und nach einzelne Grundstücke abstößt (U. v. 23. Dez. 20 II A 384/20 n. v.). Vgl. auch Anm. 7 Abs. 2.

16. a) Nicht mehr zur gewerblichen Tätigkeit gehört die Veräußerung eines Geschäfts im ganzen, es sei denn, daß der Verkauf nur geschieht, um ein anderes Unternehmen von dem Entgelt weiter zu führen (U. v. 7. Juni 21 II A 187/21 S. 6, 53; U. v. 3. Dez 20 II A 239/20 RStBl. 1921, 63; U. v. 3. Dez. 20 II A 239/20 n. v.). Ebenso ist die Veräußerung eines landwirtschaftlichen Gutes auch in Ansehung der mitveräußerten beweglichen Sachen (Inventar und Vorräte) für umsatzsteuerfrei erachtet worden, sofern es sich nicht um die Veräußerung durch gewerbsmäßige Melioratoren handelt (U. v. 16. Juli 20 II A 170/20 S. 3, 109).

b) Die Abveräußerung des einer staatlichen Münze angegliederten Betriebs, der auf die Herstellung von Silberwaren gerichtet war, ist als die Veräußerung eines selbständigen Teilbetriebs im ganzen angesehen, also nicht dem § 1 Abs. 1 unterstellt worden, ohne Rücksicht darauf, ob der Münzbetrieb selbst als Ausübung eines staatlichen Hoheitsrechtes oder als Gewerbebetrieb aufzufassen ist. Daraus folgt, daß die mitveräußerten Gegenstände der in § 21 erwähnten Art zwar nicht der Kleinhandelluxussteuer, wohl aber der Luxussteuer für Privatverkäufe nach § 23 Abs. 1 Nr. 3 unterfallen (U. v. 31. Jan. 22 V A 53/21 n. v.).

17. Die Frage, ob der Erwerb eines Geschäfts im ganzen, um damit einen Betrieb zu eröffnen, bereits eine gewerbliche Tätigkeit darstellt, sodaß der Erwerber das Entgelt, so weit es in der Hingabe von Gegenständen besteht, die nicht Geld sind, zu versteuern hätte, ist gestreift worden, aber unbeantwortet geblieben im U. v. 2. Dez. 21 V A 57/21 n. v. (Erwerb der Silberwerkstätte eines staatlichen Münzamts, um die Fabrikation fortzusetzen).

VII. Gewerbliche Tätigkeit im Inlande.

18 a. Ein Freihafengebiet gehört zum Inland (U. v. 28. Dezember 20 II A 214 20 S. 4, 153; U. v 18. Januar 22 V A 39/21 n. v.).

b) Ebenso gehört zum Inland das in einer deutschen Hauptstadt gelegene Gesandtschaftsgebäude einer ausländischen Macht. Die Grundsätze der Exterritorialität erstrecken sich nicht auf die Befreiung von der Umsatzsteuer (U. v. 7. März 22 V A 157/21 zur Veröffentlichung bestimmt).

19. Verpflichtet sich ein Reisebüro zur Beförderung eines Reisenden von Holland nach Amerika, so ist eine Umsatzsteuerpflicht nicht gegeben, weil sich die Leistung lediglich im Auslande vollzieht. Anders liegt der Fall, wenn die Reise teils im Inland, teils im Ausland ausgeführt wird: dann ist zu prüfen, ob die Befreiungsvorschrift im § 2 Nr. 5 Platz greift. Verkauft das Reisebüro die Fahrkarten im eigenen Namen, wenn auch als Verkaufskommissionär, so überträgt es im Inland den Anspruch auf eine Beförderung, verpflichtet sich aber nicht zur Ausführung der Beförderung. Das Entgelt ist dann umsatzsteuerpflichtig, auch wenn die Reise selbst im Ausland ausgeführt wird (U. v. 3. Nov. 21 V A 20 21 n v.). Vgl. zu § 2 Nr. 5.

VIII. Eigenverbrauch (§ 1 Abs. 2).

20. a) Über die Umsatzsteuerpflicht des Eigenverbrauchs in landwirtschaftlichen Betrieben hat sich der RFH. in einem Gutachten vom 4. April 19 II D 3/19 S. 1, 20 dahin ausgesprochen:

Der Eigenverbrauch des Landwirts nach § 1 Abs. 2 des UStG. umfaßt auch die Beköstigung der Familienangehörigen des Unternehmers, soweit sie kraft gesetzlicher Verpflichtung oder freiwillig als Unterhalt gewährt wird. Soweit die Beköstigung der Familienmitglieder Entgelt für deren Tätigkeit im Betriebe ist, ist die Umsatzsteuerpflicht nach § 1 Abs. 1 gegeben. Die Entnahme von Erzeugnissen aus dem Eigenbetriebe des Landwirts zur Beköstigung seines Gesindes ist steuerpflichtig, und zwar nach § 1 Abs. 2 des Gesetzes, wenn das Gesinde nicht im Betriebe mit tätig ist, sonst nach § 1 Abs. 1.

Dieses Gutachten ist in Ansehung des zweiten und dritten Satzes durch § 2 Nr. 10 u. Nr. 10 des Gesetzes von 1919 überholt, soweit es die Beköstigung der von dem Landwirt innerhalb seines Betriebs beschäftigten Angestellten und Arbeiter einschließlich etwaiger Angehöriger betrifft. Im übrigen behält es seine Bedeutung. Das Gleiche gilt von dem U. v. 14 Jan. 20 II A 338 19, worin dem Eigenverbrauch des Landwirts nach § 1 Abs. 2 die kraft gesetzlicher Verpflichtung seinen Familienangehörigen aus den Erzeugnissen des Wirtschaftsbetriebs gewährte Beköstigung gleichgestellt wird (vgl. U. v 24. Mai 21 II A 248/21 RStBl. 1921, 266).

b) Der Eigenverbrauch des Landwirts ist auch dann umsatzsteuerpflichtig, wenn der Erzeuger die rationierte Verbrauchsmenge überschritten und damit gegen die Vorschriften der Zwangswirtschaft verstoßen hat (U. v. 25. Febr. 21 II A 80/21 n. v.).

IX. Versteigerungen (§ 1 Abs. 3).

21. Die Ausnahmevorschrift zugunsten der Versteigerung unter Miterben greift nur Platz, wenn als Bieter lediglich Miterben zugelassen sind (U. v. 16. April 20 S 2, 284).

22. Zur Zwangsvollstreckung im Sinne des § 1 Abs. 3 gehört auch der Vollzug eines Arrestes durch Pfändung oder Steigerung (U. v. 21. Febr. 22 V A 304/21 n. v.).

23 Wegen des Steuerschuldners und der Rechtsstellung des Auftraggebers bei Versteigerungen vgl. zu § 11.

§ 2

Von der Besteuerung sind ausgenommen:

„1a) **Umsätze aus dem Ausland in das Inland, wenn die Bestimmungen des Reichsrats über die Sicherstellung der Herkunft der Gegenstände innegehalten werden und nicht in diesem Gesetze (§ 17 Nr. 3, § 23 Abs. 1 Nr. 4) ein anderes bestimmt ist. Der Reichsrat bestimmt, inwieweit die dem Zollauslande gleichstehenden Gebiete des Inlandes, der gebundene Verkehr des Zollinlandes und bei zollfreien Gegenständen besonders bezeichnete sonstige inländische Lager wie**

das Ausland zu behandeln sind. Das Verbringen der auf dem Meere einschließlich der Dreimeilenzone und im Bodensee erzielten Fänge der Fischerei in das Inland ist der Einfuhr aus dem Ausland gleichzuachten.

Getreide und Hülsenfrüchte können bei seewärtiger Einfuhr ohne Rücksicht auf ihre Herkunft nach näherer Bestimmung des Reichsrats als aus dem Ausland kommend behandelt werden,

b) **Die ersten Umsätze aus dem Ausland eingeführter Gegenstände im Inland, die der Reichsrat nach Anhörung des Reichswirtschaftsrats oder eines von ihm bestimmten Ausschusses näher bezeichnet, zu denen insbesondere die notwendigen Lebens- und Futtermittel sowie Rohstoffe und Halberzeugnisse gehören sollen, soweit die Umsätze außerhalb des Kleinhandels erfolgen und die Bestimmungen des Reichsrats über die Sicherstellung der Herkunft der Gegenstände innegehalten werden,**

c) **Umsätze solcher Gegenstände in das Ausland, die der ausführende Unternehmer erworben hat und ohne vorherige Bearbeitung ins Ausland liefert, wenn die Bestimmungen des Reichsrats über die Sicherstellung der Herkunft und der Bestimmung der Gegenstände innegehalten werden und nicht in diesem Gesetze (§ 23 Abs. 1 Nr. 5) ein anderes bestimmt ist;**

2. Kreditgewährungen und Umsätze von Geldforderungen, insbesondere von Wechseln und Schecken, sowie von Wertpapieren, Anteilen von Gesellschaften und sonstigen Vereinigungen, Banknoten, Papiergeld, Geldsorten und von inländischen amtlichen Wertzeichen;

3. Umsätze von Edelmetallen und Edelmetallegierungen außerhalb des Kleinhandels (§ 22) nach näherer Bestimmung des Reichsrats;

4. Verpachtungen und Vermietungen von Grundstücken und von Berechtigungen, auf welche die Vorschriften des bürgerlichen Rechtes über Grundstücke Anwendung finden, sowie von staatlichen Hoheitsrechten, die sich auf die Nutzungen von Grund und Boden beziehen, mit Ausnahme der Verpachtungen und Vermietungen eingerichteter Räume;

5. Beförderungen im Sinne des Gesetzes über die Besteuerung des Personen- und Güterverkehrs vom 8. April 1917 (Reichs-Gesetzbl. S. 329) mit Ausnahme der im § 3 Nr. 4 und 5 daselbst genannten;

6. Umsätze der in Tarifnummer 5 des Reichsstempelgesetzes vom 3. Juli 1913 (Reichs-Gesetzbl. S. 639) **und der im Rennwett- und Lotteriegesetze vom 8. April 1922 (Reichs-Gesetzbl. S. 393)** genannten Gegenstände;
7. Leistungen, für welche Vergütungen im Sinne der Tarifnummer 9 des Reichsstempelgesetzes gewährt werden;
8. Versicherungen im Sinne **des Versicherungssteuergesetzes vom 8. April 1922;**
9. **ärztliche und ähnliche Hilfeleistungen sowie Arznei- und Heilmittel, die zur Krankenpflege dienen, soweit die Entgelte für sie von den Krankenkassen (§ 225 der Reichsversicherungsordnung), den Krankenkassen der selbständigen Handwerker und Gewerbetreibenden sowie den Ersatzkassen (§ 503 ff. der Reichsversicherungsordnung) und den knappschaftlichen Krankenkassen zu zahlen sind;**
10. Beherbergung, Beköstigung und die üblichen Naturalleistungen, die ein Unternehmer den innerhalb seiner gewerblichen Tätigkeit beschäftigten Angestellten und Arbeitern als Vergütung für die geleisteten Dienste gewährt, **einschließlich der innerhalb der gewerblichen Tätigkeit des Unternehmers vollbeschäftigten und der Versicherungspflicht unterstellten Familienangehörigen, sofern dieselben das sechzehnte Lebensjahr überschritten haben;**

10a **die Gewährung von Beherbergung, Beköstigung und der üblichen Naturalleistungen durch Personen und Anstalten, soweit sie Personen unter 18 Jahren für Erziehungs- und Ausbildungszwecke außerhalb des Wohnsitzes der Eltern bei sich aufnehmen;**

10b **Die Entnahme von Gegenständen aus dem eigenen Betrieb zum eigenen Gebrauch (§ 1 Nr. 2), soweit es sich um Erzeugnisse der Kleingartenwirtschaft, der Kleinlandwirtschaft und Kleinviehzucht handelt, wenn diese in der Regel ohne Mithilfe von gegen Entgelt beschäftigten Personen durch Ar-Arbeiter, Angestellte, Beamte und Rentenempfänger aus der sozialen Versicherung und aus der Versorgung der Kriegsbeschädigten und -Hinterbliebenen sowie durch Pensionäre und Kleinhändler betrieben werden;**

11. bei eingetragenen Genossenschaften, die der gemeinschaftlichen Verwertung von Erzeugnissen der Genossen oder dem gemeinschaftlichen Einkauf von Waren ausschließlich für die Genossen dienen, derjenige Teil des Umsatzes, der als Ent-

gelt für Rücklieferung von Rückständen aus der im Betriebe der Genossenschaft erfolgten Verarbeitung der von den Genossen eingelieferten Erzeugnisse oder als Rückvergütung auf den Kaufpreis der von den Genossen bezogenen Waren **auf Grund der Beschlüsse der Generalversammlung für das abgelaufene Geschäftsjahr gewährt wird.**

Nach näherer Bestimmung des Reichsministers der Finanzen ist die gleiche Steuerbefreiung durch das Landesfinanzamt auf Antrag Gesellschaften mit beschränkter Haftung zuzugestehen, die Zwecke der im Abs. 1 bezeichneten Art verfolgen, sofern die Gesellschafter sich in ihrer Eigenschaft als Hersteller oder Verbraucher für die gemeinsame Wahrnehmung der von der Gesellschaft mit beschränkter Haftung übernommenen Aufgaben im allgemeinen der Rechtsform der eingetragenen Genossenschaften zu bedienen pflegen. Das gleiche gilt von Gesellschaften mit beschränkter Haftung, deren Gesellschafter ausschließlich oder doch überwiegend die im Abs. 1 bezeichneten Genossenschaften oder die ihnen gleichgestellten Gesellschaften mit beschränkter Haftung sind. Der Antrag ist spätestens mit Einlegung des Rechtsmittels gegen eine Veranlagung zu stellen. Gegen die Entscheidung des Landesfinanzamts über den Antrag ist die Beschwerde an den Reichsfinanzhof gegeben; der Reichsfinanzhof entscheidet im Beschlußverfahren.

12. **die Leistungen der Revisionsverbände gemäß §§ 54ff. des Genossenschaftsgesetzes.“**

Zu Nr. 1

A. Gesetzesänderung.

1. Neu ist die Zerlegung der Nr. 1 in den Unterabteilungen a, b, c.

Neu sind unter 1a der letzte Satz des ersten Absatzes und Abs. 2. Jener steht an der falschen Stelle, er gehört eigentlich unter b, weil erreicht werden soll, daß die ersten Umsätze der Ausbeute der deutschen Hochseefischerei im Inland umsatzsteuerfrei sein sollen (vgl. Anm. 4). Die Vorschrift geht aber in ihrer Fassung darüber hinaus, denn sie befreit die ersten Umsätze der von der Hochsee und aus dem Bodensee eingebrachten Fische auch dann, wenn das Einbringen durch ausländische Fischer geschieht.

Abs. 2 soll u. a. die Fälle treffen, in denen aus Ostdeutschland über See Getreide und Hülsenfrüchte nach Westdeutschland geliefert werden. Dieser Umsatz soll steuerfrei sein; auch der nächste sich daran schließende Umsatz in Deutschland wird nach 1b der Steuerfreiheit teilhaftig werden.

Nr. 1b behandelt die ersten Umsätze vom Ausland eingeführter Gegenstände unter Einschränkung — und das ist das neue — auf Waren die auf eine auszustellende Freiliste zu bringen sind.

1 c beschränkt die Befreiung der Ausfuhr auf den Ausfuhrhandel. Der Fabrikant kann also nicht mehr umsatzsteuerfrei ausführen. Vgl. hierzu die Uebergangsvorschrift in Art. 4 Abs. 4 des Abänderungsgesetzes.

B. Rechtsprechung.

Zusammentreffen mit anderen Steuern.

2. Wiewohl § 2 mit auf dem Gedanken beruht, daß Verkehrsvorgänge, die bereits anderweitig besteuert werden, nicht auch zur Umsatzsteuer herangezogen werden sollen, so gilt dieser Satz doch nur für die einzelnen im § 2 Nr. 2 und Nr. 4—8 aufgeführten Fälle. Ein allgemeiner Rechtssatz, daß die Umsatzsteuer beim Zusammentreffen mit anderen Verkehrssteuern nicht zu erheben sei, besteht nicht; ausdrücklich hat das der RFH. hervorgehoben für den Grundstücksübertragungsstempel nach Tarif Nr. 11 des RStemG. und für die an dessen Stelle getretene Grunderwerbssteuer (U. v. 3. März 20 II A 28/20 S. 2, 176 u. v. 17. Juni 21 II A 278/21 S. 6, 294).

Umsätze aus dem Ausland (Nr. 1 a).

3. Aus der Steuerfreiheit der Einfuhr folgt nicht die Steuerfreiheit der auf ihre Vermittlung gerichteten Tätigkeit des Einfuhragenten (U. v 10. Nov. 21 V A 102/21 S. 7, 273).

Erste Umsätze eingeführter Gegenstände.

4. a) In dem U. v. 25. Febr. 22 II A 104/21 S. 5, 47 hat der RFH. ausgeführt, daß das Einbringen von Fischen, die auf hoher See gefangen sind, keine Einfuhr aus dem Auslande im Sinne vom § 2 Nr. 1 sei. Ob damit ausgesprochen sein soll, die hohe See sei nicht Ausland, ist nicht zweifelsfrei zu erkennen; die Entscheidung läßt sich auch dahin verstehen, daß in dem Einbringen der Fische kein Umsatz zu erblicken sei. Das führt über zu dem Begriff des ersten Umsatzes aus dem Ausland eingeführter Gegenstände. Dieser Begriff setzt voraus, daß dem Umsatz im Inlande ein Umsatz aus dem Auslande, d. h. eine Lieferung aus dem Auslande in das Inland auf Grund eines Veräußerungsgeschäftes vorangegangen ist. Nicht genügt ein bloßes Verbringen der später im Inland umgesetzten Ware aus dem Ausland, wie z. B. seitens einer ausländischen Firma an deren im Inland befindliche Zweigniederlassung (U. v. 24. März 21 II A 31/21 S. 5, 160). An diesem Erfordernis gebricht es auch bei dem auf hoher See von deutschen Fischern gefangenen und ins Inland zum Verkauf gebrachten Fischen (U. v. 18. Okt. 21 V A 66/21 und 105/21 S. 7, 62). Für jene Begriffsbestimmung ist das Urteil noch von Bedeutung. In Ansehung ihrer Anwendung auf die Hochseefischerei ist es durch die Gesetzesänderung überholt.

b) Ebenda ist die Folgerung gezogen, daß § 11 Abs. 4 S. 2 Halbs. 2 der AusfBest. zum Umsatzsteuergesetz von 1918, der das bloße Verbringen aus dem Auslande der Einfuhr gleichstellt, rechtsirrig und für die Steuergerichte unverbindlich ist.

c) Demnach greift, wenn eine ausländische Firma von ihr ins Inland gesandte, aber vom Empfänger nicht abgenommene Ware im Wege des Selbsthilfeverkaufs nach § 373 HGB. versteigern läßt, die Befreiungsvorschrift zugunsten erster Umsätze eingeführter Gegenstände nicht ein, denn die Ware ist nicht ins Inland geliefert worden (U. v. 4. Jan. 21 V A 22/21, S. 7, 348).

d) Da der Kommissionär durchweg für die USt. dem Zwischenhändler gleichgestellt wird, sind Weiterlieferungen des Einfuhrkommissionärs umsatzsteuerfrei als erste Umsätze eingeführter Gegenstände im Inland (U. v. 17. Mai 21 II A 204/21 S. 6, 6).

5. Die im Inland umgesetzten Gegenstände müssen dieselben Gegenstände sein, die eingeführt worden sind. § 1 Z. 1 Abs. 2 der AusfBest. zum UStG. v. 1918 bestimmt ebenso wie jetzt § 11 Abs. 2 der AusfBest. zum UStG. von 1919, daß die Umsatzsteuerfreiheit eingeführter Gegenstände wegfällt, wenn der eingeführte Gegenstand eine Bearbeitung oder Verarbeitung erfahren hat, die über Reinigen, Sortieren oder Verpacken hinausgeht. Ob diese Bestimmung auf Grund der im § 2 Nr. 1 dem Bundesrat, jetzt dem Reichsrat erteilten Ermächtigung getroffen werden könnte, hat der RFH. dahingestellt sein lassen. Er hat aber ausgesprochen, daß ihr Inhalt den Sinn des Gesetzes zutreffend wiedergibt, da ein Gegenstand, der vor der Weiterveräußerung verarbeitet oder bearbeitet wird, nicht mehr der frühere Gegenstand, sondern ein neues Erzeugnis ist, das nicht mehr umsatzsteuerfrei im Inland umgesetzt werden kann (U. v. 24. März 21 II A 31/21 S. 5, 160: **bearbeitete Seidenkokon**; U. v. 21. März 22 V A 175/21 (n. v.): **gemahlener Pfeffer**.

Umsätze in das Ausland (Nr. 1 c).

6. Die jetzige Fassung von Nr. 1 c stellt zweifelsfrei fest, daß unter Umsatz ins Ausland nur die Lieferung von Gegenständen zu verstehen ist, nicht die Bewirkung anderer Leistungen. Das bisherige Gesetz war allerdings bereits in gleichem Sinne vom RFH. ausgelegt worden. Demgemäß waren für umsatzsteuerpflichtig erachtet worden **die Verleihung von Eisenbahnwagen in das Ausland** (U. v. 16. April 20 II A 55/20 DJZ. 1920, 592), ferner **die Vornahme von Schiffsklassifikationen**, die von einem deutschen Unternehmen derart ausgeführt werden, daß die erforderlichen Vermessungsarbeiten im Ausland geschehen, während der Meßbrief im Inland erteilt, das Entgelt dagegen wiederum im Ausland von dem dort befindlichen Angestellten des inländischen Unternehmens eingezogen wird (U. v. 8. April 20 II A 111/20 S. 2, 240), endlich die **Dienstleistungen inländischer Agenten für ausländische Firmen** (U. v. 17. Mai 21 II A 204/21 S. 6, 6), die **Vermittlungen ausländischer Versicherungen** (U. v. 24. Jan. 22 V A 36/21 n. v.). Vgl. auch zu § 1 Anm. 19 und zu § 2 Anm. 27.

7. Ein Umsatz in das Ausland wird dann angenommen, wenn die Verfügungsmacht über den Lieferungsgegenstand erst im Ausland auf den Erwerber übergeht, wenn also die Versendung der Ware in das Ausland Gegenstand der Lieferungsverpflichtung des Verkäufers ist. Erlangt der Erwerber die Verfügungsmacht über den Gegenstand bereits im Inland, so liegt keine Lieferung des Auslands vor; daß der Gegenstand für das Ausland bestimmt ist, ist einflußlos, ebensowenig ist von Bedeutung, wo der Erwerber zur Zeit des Kaufes sich aufhält und ob der Lieferungsvertrag im Inland oder im Ausland abgeschlossen wird (U. v. 4. Febr. 21 II A 43/21 RStBl. 1921, 135 und U. v. 20. Sept. 21 II A 237/21 RStBl. 1921, 380). Demgemäß ist keine Lieferung ins Ausland angenommen worden in Fällen, wo ein an einen Holländer verkauftes Motorboot dem Vertreter des Käufers in Berlin übergeben wurde (U. v. 4. Febr. 21 II A 43/21 RStBl. 1921, 135), oder wo ein in Deutschland wohnhafter Privatmann an einen vorübergehend sich in Deutschland aufhaltenden, in Madrid wohnhaften Deutschen während dessen Aufenthalt in Deutschland ein Klavier mit der Abrede verkauft hat, daß der Käufer das Klavier durch seinen Spediteur zum Transport nach Madrid abholen lassen solle (U. v. 7. Juni 21 II A 242/21, S. 6, 44), ebensowenig beim Verkauf von Bunkerkohle, die holländische Dampfer auf dem Rhein im deutschen Gebiet für ihren Bedarf an Bord nehmen (U. v. 17. Juni 21 II A 300/21 S. 6, 106).

Auch wenn ein Kraftfahrzeug vom Lieferer auf Grund des Veräußerungsvertrags im Ausland zu liefern war, aber auf Grund einer vom Abnehmer erwirkten einstweiligen Verfügung dem Abnehmer im Inland übergeben worden ist, liegt Lieferung im Inlande vor (U. v 28. März 22 V A 215/21 n. v).

8. Wenn der Reichsminister der Finanzen in einem Erlasse vom 28. Sept. 20 III U 75/99 ausgesprochen hat, daß im Inland von Ausländern gekaufte Kraftfahrzeuge umsatzsteuerfrei vom Ausländer selbst über bestimmte Zollstellen ins Ausland gefahren werden dürfen, so beruht das auf Billigkeitserwägungen, nicht auf Rechtsgründen (U. v. 28. Dez. 20 II A 241/20 RStBl. 1921, 105, v. 11. Jan. 22 V A 126/21 S. 8, 45).

9. Da die Bestimmung der Ware für das Ausland zur Anwendung der Befreiungsvorschrift nicht genügt, waren schon bisher Umsätze des inländischen Erzeugers an den inländischen Ausfuhrhändler nicht umsatzsteuerfrei (U. v. 28. Juli 20 II A 157/20 S. 3, 219); nunmehr folgt das ohne weiteres aus der neuen Fassung von Nr. 1 c. Damit hat das Urteil des RFH. v. 17. Juni 21 II A 120/21 S. 6, 129 seine Bedeutung verloren, wonach Umsatzsteuerfreiheit eintrat, wenn der inländische Erzeuger die Ware auf Weisung des inländischen Ausfuhrhändlers unmittelbar an dessen ausländische Kunden lieferte; vgl. zu § 7. Ebensowenig können jetzt die dem Kohlensyndikat, dem Roheisenverband und dem Stahlwerksverbande angehörenden Zechen, Werke usw. Umsatzsteuerfreiheit wegen der Lieferungen beanspruchen, die sie für die Verbände ins Ausland dergestalt ausführen, daß sie die Erzeugnisse im eigenen Namen versenden; vgl. G. v. 8. Juli 21 II D 1/21 S. 6, 126.

10. Maßgebend für die Anwendung der Befreiungsvorschrift ist, daß zur Zeit der Lieferung der Empfangsort einem ausländischen Staat angehört. Ist in ein Gebiet geliefert worden, das erst nach der Lieferung zufolge des Friedensvertrages aus dem Reichsverband ausgeschieden ist, so greift die Befreiung nicht Platz, auch wenn das Entgelt erst nach dem Ausscheiden jenes Gebietes vereinnahmt worden ist (U. v. 6. April 1922 V A 54/22 n. v.).

11. Über die Inlandseigenschaft eines Freihafengebiets und eines Gesandtschaftsgebäudes vgl. zu § 1 Anm. 18.

Sicherungsmaßnahmen.

12. Über die zu § 2 Nr. 1 in den AusfBest. als Sicherungsmaßnahme vorgesehene Buchführungspflicht liegen zwei Entscheidungen vor. Die in § 1 Nr. 1 Abs. 4 der AusfBest. f. 1918 vorgeschriebene Buchführung muß, wenn auch nicht die Führung eines besonderen Buches verlangt wird, doch so eingerichtet sein, daß sie über die Voraussetzungen der Steuerbefreiung Aufschluß gibt, ohne daß es zu diesem Zweck noch der Einsicht weiterer Belege bedarf (U. v. 18. Febr. 21 II A 77/21 S. 5, 28). In einem Urteil v. 11. März 21 II A 129/21 S. 5, 87 ist das dahin abgeschwächt, daß auch die Nachprüfbarkeit an der Hand von Belegen zugelassen wird, sofern es nicht umfangreicher und zeitraubender Zusammenstellungen bedarf. Diese Grundsätze werden auch für § 18 der jetzigen AusfBest. Geltung beanspruchen.

Zu Nr. 2.

13. § 2 Nr. 2 hat, wie entgegen einer mißverstandenen Bemerkung in der Begründung des Gesetzentwurfs von 1919 hervorzuheben ist, nicht die Bedeutung einer allgemeinen Befreiung bankmäßiger Geschäfte von der Umsatzsteuer. Auch Banken sind nur für die in Nr. 2 aufgeführten Umsätze besonderer Art umsatzsteuerfrei. Umsatzsteuerpflichtig sind insbesondere bei ihnen das entgeltliche gewerbsmäßige Inkasso von Wechseln, Anweisungen, Schecks, Effekten, Rechnungen und Quittungen im Namen und für Rechnung der Berechtigten als Dienstleistung für die Auftraggeber, das entgeltliche, gewerbsmäßige Effekten-Depot-Geschäft, die Vermietung zimmerartiger mit eingebauten Schränken und Gestellen, wenn schon ohne Schließfächer versehener Tressors (U. v. 20. Sept. 21 II A 247/21 S. 6, 537).

14. Die ihrer Währungseigenschaft entkleideten deutschen Gold- und Silbermünzen stellen nicht mehr Geldsorten im Sinne von Nr. 2 dar, sondern stehen den Edelmetallen im Sinne von Nr. 3 gleich, sie sind Teile von Edelmetallen mit einem amtlichen Aufdruck ihres Feingehaltes und ihres Gewichts; die Vorschrift unter Nr. 2 ist daher für sie unanwendbar; vgl. Anm. 16.

15. Die Veräußerung von Geschäftsanteilen einer G. m. b. H. ist auch dann umsatzsteuerfrei, wenn sie lediglich die Auflassung eines Grundstückes ersetzen soll (U. v. 16. Juli 20 II A 187/20 S. 3, 212).

Zu Nr. 3.

16. Wegen der Umsätze der Reichsgold und Silbermünzen, der grundsätzlich der Vorschrift in Nr. 3 zu unterstellen ist, hat sich der RFH. in einem G. v. 31. Januar 22 V D 1/21 S. 8, 100 folgendermaßen geäußert:

a) Die gewöhnliche Umsatzsteuer ist bei dem Umsatz von Reichsgold- und Reichssilbermünzen nur zu erheben, wenn Münzen dieser Art innerhalb eines gewerblichen Betriebs außerhalb des Kleinhandels im Sinne des § 22 ihres Sammelwerts wegen oder als Antiquitäten — und zwar in der Regel zu einem ihren Gold- und Silberwert übersteigenden Werte — umgesetzt werden.

b) Alle anderen Fälle — es sind dies die Fälle, wo die Reichsgold- und Reichssilbermünzen ihres Gold- und Silbergehalts wegen umgesetzt werden — sind, einerlei ob der Umsatz innerhalb oder außerhalb eines gewerblichen Betriebs erfolgt, entweder luxussteuerpflichtig oder ganz steuerfrei. Die Befreiung tritt nur ein, wenn der Umsatz außerhalb des Kleinhandels erfolgt; das ist nur dann der Fall, wenn die Münzen zur gewerblichen Weiterveräußerung erworben werden, und die Vorschriften des § 22 Abs. 2 (§ 23 Abs. 2) über das Vorhandensein und die Vorlegung einer Wiederveräußererbescheinigung des Erwerbers befolgt werden.

c) Die Erlasse des Reichsministers der Finanzen, nach denen gewisse Banken beim Erwerbe von Reichsgold- und Reichssilbermünzen der Wiederveräußererbescheinigung nicht bedürfen, binden zwar die Finanzämter und die Landesfinanzämter, aber nicht die Steuergerichte.

Zu Nr. 4.

17. Die Befreiungsvorschrift greift auch Platz, wenn die Verpachtung oder Vermietung von Leuten vorgenommen wird, die wegen ihrer sonstigen Betätigung dem § 1 Nr. 1 unterfallen, so wenn ein gewerbsmäßiger Grundstückshändler seine Grundstücke zwischen Kauf und Verkauf durch Verpachtung oder Vermietung nutzt (U. v. 24. Mai 21, II A 250/21 S. 6, 12).

18. Als umsatzsteuerfreie Verpachtung von Wiesen, nicht als Verkauf des Grases, ist die Überlassung der Grasgewinnung von Wiesen in einem Falle angesehen worden, wo dem auf die Grasgewinnung Berechtigten die Pflege der Wiese freistand; demgemäß ist diese Überlassung der Befreiungsvorschrift unterstellt worden (U. v. 18. Juni 21 II A 382/20 S. 6, 123).

19. Ein Vertrag, wonach ein Hüttenwerk den gesamten Betrieb einer Kohlenzeche gegen festes Entgelt übernimmt, ohne die rechtliche Selbständigkeit der die Hütte betreibenden Gesellschaft einzuschränken, ist als umsatzsteuerfreier Pachtvertrag angesehen worden; eine Lieferung von Bodenerzeugnissen seitens der die Zeche betreibenden Gesellschaft an die die Hütte betreibenden Gesellschaft findet nicht statt, da die Hütte die Erzeugnisse durch die Organe und Angestellten der Zeche originär mit der Förderung erwirbt (U. v. 28. Febr. 22 V A 6/21 n. v.).

20. Eine Vermietung eingerichteter Räume liegt dann vor, wenn die Räume zu einem ihrer Zweckbestimmung entsprechenden Gebrauch einer besonderen Beschaffenheit bedürfen und so eingerichtet oder ausgestattet sind, daß sie der Mieter zu dem Zwecke, zu dem sie vermietet sind, ohne weiteres benutzen kann; die Einrichtung oder Ausstattung kann, wie z. B. bei Kühlräumen, auf das geringste Maß beschränkt sein (U. v. 21. Mai 20 II A 154/20 S. 3, 1).

Weitere Beispiele: Zu einem Lichtspieltheater eingerichtete Räume (U. v. 9. Juli 19 II A 90/19 S. 1, 141), Schankwirtschaftsräume, die mit Ausschankvorrichtung, Tischen und Stühlen versehen, aber nicht mit dem sog. kleinen Inventar (Geschirr und Bestecke) ausgestattet sind (U. v. 28. Dez. 20 II A 350/20 S. 4, 183), zimmerartige, mit eingebauten Schränken und Gestellen, wenn schon ohne Schließfächer versehene Tresors (U. v. 20. Sept. 21 II A 247/21 S. 6, 237.).

Zu Nr. 5.

21. Die Befreiungsvorschrift greift Platz, wenn nur die Beförderung eine solche im Sinne des Gesetzes über die Besteuerung des Personen- und Güterverkehrs vom 8. April 1917 ist, ohne Rücksicht darauf, daß sie nach diesem Gesetz von der Beförderungssteuer befreit ist (U. v. 3. Nov. 21 V A 20/21 n. v.)

22. Dadurch, daß ein Unternehmen wegen der seinen Gegenstand bildenden Beförderungen der Befreiungsvorschrift unter Ziffer 5 unterfällt, rechtfertigt sich nicht die Freilassung etwaiger nicht von dieser Befreiungsvorschrift betroffener Nebenbetriebe wie z. B. des Kantinenbetriebs einer Straßenbahn (U. v. 18. Febr. 21 V A 90/21 RStBl. 1921, 174 n. v.).

23. Von der Übernahme der Beförderung ist zu unterscheiden die Übertragung des Anspruchs auf Beförderung, der in dem Verkauf einer Fahrkarte einer ausländischen Schiffahrtsgesellschaft im Namen des deutschen Verkäufers liegt. Ein derartiger Umsatz unterfällt nicht der Befreiungsvorschrift (U. v. 3. Nov. 21 V A 20/21 n. v.). Vgl. zu § 1 Anm. 19.

Zu Nr. 6.

24. Die Provisionen der Lotteriekollekteure sind umsatzsteuerpflichtig, wenn der Kollekteur Agent ist. Ist er dagegen Kommissionär, so wird er wie ein Zwischenhändler behandelt. Ihm kommt also dann die Befreiungsvorschrift beim Absatz der Lose zugute; ebensowenig hat er die Provision zu versteuern (U. v. 15. April 21 II A 19/21 RStBl. 1921, 250). Vgl. auch zu § 7.

25. Die Änderung beruht auf § 24 Abs. 2 des Rennwett- und Lotteriegesetzes vom 8. April 1922. Die Vorschriften unter Nr. 5 u. 7 entsprechend dem § 89 Abs. 2 (Aufsichtsratsteuer) und dem § 90 des Kapitalverkehrsteuergesetzes v. 8. April 1922 (Frachturkundensteuer) neu zu fassen, hat man übersehen.

Zu Nr. 8.

26. Abgeändert durch § 19 Abs. 2 des Versicherungssteuergesetzes v. 8. April 1922.

27. Hat der Vermittler ausländischer Versicherungen im Inland ein Büro, von dem aus er als Vermittler tätig wird, so ist seine Tätigkeit als im Inland ausgeübt anzusehen, auch wenn er Rückversicherungsverträge mit ausländischen Gesellschaften vermittelt und Teile seiner Tätigkeit und ihre Wirkungen im Ausland liegen (U. v. 24. Januar 22 V A 36/21 n. v.).

Zu Nr. 10.

28. Das G. v. 29. Nov. 21 V D 2/21 S. 8, 75, das sich mit dem Begriff der unterhaltsberechtigten Familienangehörigen beschäftigt, ist durch die Novelle überholt.

Zu Nr. 12.

29. Durch die Gesetzesänderung ist der entgegenstehende B. v. 16. Sept. 21 I B 107/21 RStBl. 1922, 87 erledigt.

§ 3.

Von der Steuer sind befreit:

1. Reich und Länder wegen des Post-, Telegraphen- und Fernsprechverkehrs sowie Beförderungsunternehmungen wegen der auf Gesetz beruhenden Leistungen für diesen Verkehr;
2. Reich, Länder, Gemeinden und Gemeindeverbände wegen der Schlachthöfe, Gas-, Elektrizitäts- und Wasserwerke;
3. **Unternehmen oder einzelne Zweige von Unternehmen, deren Zwecke ausschließlich gemeinnützig oder wohltätig sind, wegen solcher Umsätze, die diesen Zwecken unmittelbar dienen und bei denen die Entgelte hinter den durchschnittlich für gleichartige Leistungen von Erwerbsunternehmungen verlangten Entgelten zurückbleiben;**
4. **nicht öffentliche Schulen und Erziehungsanstalten, die der staatlichen Aufsicht unterliegen und ihren Betrieb nur mit Zuschüssen aus öffentlichen Mitteln, Stiftungen oder aus staatlich genehmigten Stiftungen aufrecht erhalten können.**

Der Reichsminister der Finanzen wird ermächtigt, mit Zustimmung des Reichsrats nähere Bestimmungen zur Ausführung der Vorschriften des § 3 Nr. 3 und 4 zu erlassen.

Zu Nr. 1.

1. Die Urteile des RFH. v. 17. März 20 S. 2, 215 (Funkentelegraphengesellschaft) u. v. 17. März 20 II A 359/19 S. 2, 216 (Posthalter) haben sich bereits durch die veränderte Fassung im Gesetz von 1919 erledigt. Noch von Bedeutung ist das G. v. 17. Dez. 20 II D 9/20 S. 4, 92, wonach der Erlös, der durch die Verwertung unanbringlicher Postsendungen oder von Gegenständen, die aus Postsendungen herrühren, bei Versteigerungen durch die Postverwaltung erzielt wird, nicht umsatzsteuerpflichtig ist, weil zur Abwickelung des Beförderungsvertrages, also zum Beförderungsbetrieb gehörig, während die Einnahmen der Reichspostverwaltung und der Reichsverkehrsverwaltung aus Grundstücksverkäufen nach eben diesem Gutachten umsatzsteuerpflichtig sind.

Zu Nr. 3.

I. Verfahren.

2. Über Vorhandensein und Tragweite der Befreiungsvorschrift ist nach der Novelle im Veranlagungsverfahren zu entscheiden; das bisher dafür vorgesehene besondere Verwaltungsverfahren ist weggefallen. Die in diesem bisher vom RFH. gezeitigten Grundsätze materiellrechtlicher Natur behalten aber ihre Bedeutung; soweit sie die prozessuale Behandlung, insbesondere das Verhältnis zwischen Anerkennungs- und Veranlagungsverfahren betreffen, sind sie überholt.

Von Bedeutung sind aber für die sachliche Beurteilung noch folgende Beschlüsse:

a) Anerkennung der Gemeinnützigkeit nach § 3 Nr. 3 des Umsatzsteuergesetzes von 1919 ist kein Rechtsgrund, auf den ein Erstattungsantrag für die Zeit von 1920 an gegründet werden könnte (U. v. 21. Februar 22 V A 81/22 n. v.).

b) Die im § 9 AusfBest. zu Ges. v. 1919 bewilligte Befreiung von der Umsatzsteuer hat mit der Anerkennung der Gemeinnützigkeit nach § 3 Nr. 3 UStG. nichts zu tun, stellt vielmehr eine Sonderbestimmung dar. Hieraus läßt sich jedoch nicht herleiten, daß eine Befreiung gemäß § 3 Nr. 3 für Unternehmungen, die an sich unter § 9 AusfBest. fallen, nicht möglich sei, wenn die durch § 3 Nr. 3 des Gesetzes und durch die AusfBest. bestimmten Voraussetzungen erfüllt sind: B. v. 18. Mai 21 I B 3/21 S. 7, 32.

II. Begriff des Unternehmens im Sinne von § 3 Nr. 3.

3. Die ausschließliche Gemeinnützigkeit oder Wohltätigkeit nach § 3 Nr. 3 kann nicht nur für den gesamten Betrieb eines Unternehmens anerkannt werden, sondern auch für einzelne Zweige des Betriebs, doch wird, wie bisher, vorauszusetzen sein, daß diese Teile selbständig von anderen Betriebszweigen abgegrenzt sind. Kriterien, aus denen auf eine derartige Selbständigkeit zu schließen wäre, sind allerdings bisher vom RFH. nicht aufgestellt worden.

Derartige Entscheidungen liegen vor: für die von einer Gemeinde betriebene Volksbadeanstalt; B. v. 22. Dez. 20 II B 30/20 S. 4, 181; für das von einer Kreisverwaltung betriebene Kreiswirtschaftsamt, B. v. 18. Mai 21 I B 22/10, S. 6, 57; für den eigentlichen Sparkassenverkehr einer öffentlichen Sparkasse, die daneben als tatsächlich getrennten und selbständigen Geschäftszweig rein bankmäßige Geschäfte betreibt, B. v. 11. Febr. 21 I B 33/20 S. 5, 76; v. 12. April 21 I B 34/21 RStBl. 1921, 267; für die von einem Verein neben sonstigen Einrichtungen betriebene Mittelstandsküche, B. v. 22. Dez. 20 II B 38/20 S. 4, 141; für den Vertrieb der Kataloge eines archäologischen Seminars, B. v. 30. März 21 I B 13/21 (n. v.); für die von dem Bestattungswesen einer Gemeinde erfolgende Uebernahme der Ausschmückung der Leichenhalle, der Gräber und Grüfte sowie der gärtnerischen Arbeiten für die Gräber, B. v. 21. März 21 I B 21/21 (n. v.).

Abgelehnt worden ist, weil es sich nicht um einen selbständigen Betriebszweig handelte, die Anerkennung für vereinzelte oder vorübergehende Maßnahmen eines sonst nicht gemeinnützigen Unternehmens, wie z. B. für die billige Abgabe von Holz durch eine städtische Forstwirtschaft, B. v. 22. Dez. 20 II B 32/20 S. 4, 141; für gelegentliche Abgabe billigen, von der Reichsbekleidungsstelle zur Verfügung gestellten Schuhwerks durch eine Schustervereinigung, B. v. 21. Okt 21 V B 97/21 (n. v.).

III. Zweckbestimmung der für die Besteuerung in Betracht kommenden Leistungen.

4. Bei der Beurteilung der Frage, ob ein Unternehmen als ausschließlich gemeinnützig oder wohltätig anzuerkennen ist, kommt es auf den Zweck der begünstigten Leistungen an, die das eigentliche Wesen des Unternehmens ausmachen, nicht aber den Zweck, dem der Erfolg des Unternehmens schließlich zugute kommt. Die Umsatzsteuer soll nach der Absicht des Umsatzsteuergesetzes grundsätzlich auf den Empfänger der Leistung abgewälzt werden. Wenn dieser sich in einer Lage befindet, die den Leistenden veranlaßt, in Betätigung seiner wohltätigen oder gemeinnützigen Absichten sich mit einem unter dem Durchschnittspreise bleibenden Entgelte für seine Leistungen zu begnügen, so will auch das Reich, um nicht seinerseits diese Leistungen wiederum zu verteuern, auf seinen Steueranspruch verzichten. Dieser dem § 3 Nr. 3 zugrunde liegende Gedanke führt dazu, daß die dort eingeräumte Begünstigung nur den Empfängern der gemeinnützigen oder wohltätigen Leistungen selbst zugute kommen kann, nicht aber auch dritten Personen, die Leistungen anderer Art von gemeinnützigen oder wohltätigen Unternehmern empfangen. Die Anstalten selbst sollen, soweit sie durch Abschluß von Geschäften mit dritten, nicht zu den Empfängern ihrer wohltätigen und gemeinnützigen Leistungen gehörenden Personen in geschäftliche Beziehungen treten, nicht günstiger gestellt werden als Handwerker und andere Gewerbetreibende. Demnach ist erforderlich, daß die Leistungen, für die Steuerfreiheit nach § 3 Nr. 3 gewährt werden soll, als solche ihrer Zweckbestimmung nach gemeinnützig oder wohltätig sind. Weil diese Voraussetzung nicht zutrifft ist die Anerkennung abgelehnt worden: für die Schreibarbeiten, die eine Schreibstube ehemaliger Strafgefangener dem Publikum leistet, B. v. 4. März 1921 I B 5/21 S. 5, 125; für die Arbeitsleistungen und die Verkäufe der Brockensammlung einer evangelischen Stadtmission, B. v. 11. Febr. 1921 I B 44/20 S. 5, 65; für die Arbeitsstätte eines Arbeitsnachweises, B. v. 28. Juli 1921 I B 276/21 (n. v.); für die Betriebswerkstätte eines Gewerkvereins, B. v. 22. April 1921 I B 29/20 RStBl. 1921 S. 267; für die Waldwirtschaft und Brauerei eines Spitals, B. v. 10. Mai 1921 I B 144/21 (n. v.); für den Bücherverkauf eines Pfarrunterstützungsvereins, B. v. 31. Aug. 1921 I B 259/21 (n. v.); für die Vermietung von Standplätzen in einer städt. Markthalle, B. v. 18. Mai 1821 I B 159/21 RStBl. 1921, 286; für die Erlöse aus den Pfandversteigerungen einer städtischen Pfandleihanstalt, B. v. 16. Sept. 21 I B 236/21 S. 7, 96.

5. Von diesen Fällen, in denen der Erfolg des steuerpflichtigen Betriebs schließlich auch der Allgemeinheit oder wohltätigen Zwecken zugute kommt, also diese mittelbar fördert, sind die Fälle zu unterscheiden, bei denen die begünstigten Leistungen ihre gemeinnützigen oder wohltätigen Zwecke mittelbar in der Weise erreichen, daß sie an einen Empfänger bewirkt werden, der seinerseits ausschließlich gemeinnützige oder wohltätige Zwecke verfolgt. Demgemäß ist die Befreiung zugebilligt worden für eine Provinzial-Werkstätte, die für ausschließlich gemeinnützige Provinzialanstalten arbeitet, B. v. 22. Februar 1921 I B 24/20 S. 5, 79, und für eine Gesellschaft, die lediglich für den Kriegsausschuß für Ersatzfutter lieferte, B. v. 9. Juni 21 I B 183/21 S. 6, 233. Abgelehnt worden ist die Anerkennung, weil beim Empfänger der Leistungen Gemeinnützigkeit oder Wohltätigkeit des von ihm verfolgten Zweckes nicht vorlag, bei der Abgabe von Bauholz zum Selbstkostenpreis durch eine städtische Gemeinde an Baugenossenschaften, B. v. 30. Juni 1921 I B 187/21 (n. v.).

IV. Begriff der Gemeinnützigkeit.

6. Gemeinnützigkeit soll nach § 10 Abs. 1 Satz 1 AusfBest. nur vorliegen, wenn das Unternehmen dem Interesse der Allgemeinheit und nicht nur bestimmter Personen oder eines engeren Kreises von solchen zu dienen bestimmt ist. Diese Vorschrift ist auf Grund der Ermächtigung im bisherigen § 3 Nr. 3 Satz 3 des Umsatzsteuergesetzes ergangen.

a) Auf Grund dieser Vorschrift ist die Anerkennung grundsätzlich den Erwerbs- und Wirtschaftsgenossenschaften aller Art versagt worden, selbst wenn sie aus sozialen oder wirtschaftlichen Erwägungen gegründet worden sind. Hierüber liegen eine große Anzahl von Entscheidungen vor, so für Einkaufsgenossenschaften, B. v. 5. Juli 1921 I B 179/21 S. 6, 287 RStBl. 1921 S. 371; B. v. 14. Jan. 1921 II B 35/20 S. 4, 240, B. v. 18. Febr. 1921 I B 27/20 S. 5, 65; für Molkereigenossenschaften, B. v. 18. Febr. 1921 I B 16/21 S. 5, 89; für Baugenossenschaften, B. v. 18. Febr. 1921 I B 19/20 S. 5, 70, B. v. 25. Febr. 1921 I B 26/21 RStBl. 1921 S. 203; für eine Siedlungsgenossenschaft von Eisenbahnbeamten, B. v. 11. März 1921 I B 36/21 RStBl 1921 S. 251.

Aus gleichen Erwägungen ist die Anerkennung einer Gesellschaft m. b. H. (Einkaufsverband) versagt worden, da sie nur ihren Mitgliedern die Vorteile gemeinschaftlicher Einkäufe zuwenden will, B. v. 3. September 1920 II B 21/20 S. 4, 120; einem Erholungsheim, das nur den Mitgliedern eines bestimmten Angestelltenbundes zugänglich ist, B. v. 10. Mai 1921 I B 147/21 RStBl. 1921, 298, einer Baugesellschaft m. b. H., B. v. 11. März 1921 I B 36/20 S. 6, 32; ferner einer Aktiengesellschaft, die für ihre Aktionäre und deren Arbeitern Wohnräume herstellt, B. v. 30. März 1921 I B 84/21 RStBl. 1921, 267. In derartigen Fällen spielt die Höhe des Entgelts keine Rolle, vgl. B. v. 18. Febr. 1921 I B 19/20 S. 5, 70.

Wenn dagegen derartige Genossenschaften und Gesellschaften ihre gemeinnützigen Leistungen auch Nichtmitgliedern zukommen lassen, so ist der bisherige § 3 Nr. 3 auch hier angewendet worden, z. B. bei gemeinnützigen Siedelungsgesellschaften, B. v. 11. März 1921 I B 30/21 (n. v.), sowie B. v. 3. Juni 1921 I B 176/21 (n. v.), bei einem Eisenbahnerheim, B. v. 29. April 1921 I B (82/21 (n. v.).

b) Ähnliche Unternehmungen, denen wegen des beschränkten Personenkreises, auf die ihre Zwecke sich beschränken, die Befreiung versagt worden ist, sind z. B.: ein für Beamte geschaffener Lebensmittelausschuß, B. v. 23. Juni 21 I B 188/11 (n. v.); eine Wohlfahrtseinrichtung zur Beschaffung von Brennstoffen und Bekleidungsstücken zum Selbstkostenpreis für Eisenbahnbedienstete, B. v. 22. Dez. 20, II B 39/20 S. 4, 146; eine Einkaufsstelle für Angestellte einer Aktiengesellschaft, B. v. 25. Mai 21 I B 100/21 S. 6, 42; eine Aktiengesellschaft zur Beschaffung von Wohnungen für ihre Aktionäre, B. v. 30. März 1921 I B 84/21 (n. v.); eine von einem Reedereiverein erhaltene Heuerstelle, B. v. 15. März 21 I B 74/21 RStBl. 21, S. 240, eine Kreisviehweide, B. v. 25. Febr. 21 I B 17/21 RStBl. 1921 S. 204. Durch die Verhältnisse gegebene örtliche Beschränkungen stehen dagegen der Anerkennung nicht entgegen, so bei einer Kinderbewahranstalt B. v. 21. Okt. 21 V B 240/21 (n. v.).

c) Auch sonst steht die Verfolgung egoistischer Zwecke neben gemeinnützigen der Anerkennung nach § 3 Nr. 3 entgegen, so z. B. bei Werkküchen und Kantinenbetrieben, da sie mit der Erhaltung eines Arbeiterstammes dienen, B. v. 11. Febr. 21 I B 37/20 S. 5, 40; bei einer Privatklinik als Grundlage ärztlicher Praxis, B. v. 10. Nov. 20 II B 17/20 S. 4, 2, bei der auch dem Interesse der Dienstherrschaft dienenden Stellenvermittlung eines Marthaheims, B. v. 20. Sept. 21 I B 278/21 (n. v.), bei der einer Landeskreditkasse, die entgeltlich Wertpapiere verwahrt und damit den Privatinteressen ihrer Kunden dient, B. v 16. Sept. 21 I B 262/21 S. 7, 7.

Aus diesem Gedankenkreise heraus fällt auch nicht der Beschluß vom 8. Juli 21 I B 192/21 RStBl. 21 S. 370, worin die ausschließliche Gemeinnützigkeit einer Gesellschaft m. b. H. ausgesprochen worden ist, die die Versorgung der minderbemittelten Bevölkerung mit billigem Hausrat durch Abgabe von Holz an ihre Mitglieder (Tischler) bezweckt, obgleich das Unternehmen zugleich einzelnen Gesellschaftern die Aufrechterhaltung ihrer Betriebe erleichtert, da letzteres die natürliche Folge jeder Uebernahme von Mehrlieferungen ist.

d) Für die Frage, ob ein Unternehmen ausschließlich gemeinnützig ist, ist ohne Bedeutung, ob die begünstigten Leistungen nur Minderbemittelten oder auch anderen Kreisen zukommen; verlangt wird nur ein nicht geschlossener Kreis von Personen, die gefördert werden sollen; vgl. B. v. 30. März 21 I B 14/21 n. v. (Abgabe von Apparaten des chemischen Instituts einer Universität an die Studierenden), B. v. 25. Mai 21 I B 162/21 S. 6, 41, = RStBl. 21, 287 (Akademischer Kosttisch für Studierende). Insbesondere können die gemeinnützigen Leistungen auch dem Mittelstand zukommen, B. v. 22. Dez. 20 II B 38/20 S. 4, 142 (Mittelstandsküche); B. v. 8. Juli 21 I B 68/21 RStBl. 1921 S. 369 (Pfarrtöchterheim), B. v. 25. Febr. 21 I B 39/21 S. 5, 81 (Epileptischen-Anstalt); B. v. 25. Febr. 21 I B 38/21 n. v. (Stiftungen zur Unterbringung erholungsbedürftiger Kinder an der der Nordsee); B. v. 30. Juni 21 I B 19/21, v. 3. Juni 21 I B 118/21 und v. 23. Juni 21 I B 267/21 sämtlich n. v. (Betrieb von alkoholfreien Erfrischungsräumen und Kaffeestuben).

e) Der Reichsfinanzhof hat Anlaß gehabt auszusprechen, daß § 3 Nr. 3 in der bisherigen Fassung auf die ausschließliche Gemeinnützigkeit und Wohltätigkeit abstellt, nicht auf die Gemeinnützigkeit oder Wohltätigkeit überhaupt, B. v. 18. Febr. 21 I B 27/20, S. 5, 65. Umstände, die für die Annahme der Ausschließlichkeit sprechen, sind in der Entscheidung nicht ausgeführt.

f) In diesem Zusammenhang ist der B. v. 28. Juli 21 I B 194/4 S. 6, 328 zu erwähnen der besagt: Darin, daß der Gesellschaftsvertrag einer Kriegsgesellschaft für den Fall ihrer Auflösung vorsieht, ein etwa verbleibender Rest des Gesellschaftsvermögens solle der Reichskasse zufallen, ist im Sinne des § 10 Abs. 1 Satz 6 AusfBest. eine Sicherstellung der Verwendung dieses Vermögensrestes für gemeinnützige oder wohltätige Zwecke nicht zu finden.

V. Höhe des Entgelts.

7. a) Über den Begriff „gleichartig" liegt ein B. v. 9. Mai 1921 I B 183 21 S. 6, 233 vor, worin für die Annahme der Gleichartigkeit von Holzspiritus mit dem wesentlich billigeren Kartoffelspiritus darauf abgestellt wird, ob beide Spiritusarten nach ihrer Beschaffenheit und Verwendungsmöglichkeit miteinander identisch sind.

b) Besondere, in der Eigenart der Unternehmen liegende Gründe, die ein Zurückbleiben der geforderten Entgelte hinter den sonst üblichen gestattet, haben die Anerkennung nach dem bisherigen § 3 Nr. 3 nicht gehindert, etwa weil im Betrieb unbezahlte Ordenspersonen verwendet werden, B. v. 25. Februar 21 I B 27 21 S. 5, 123, B. v. 31. Aug. 21 I B 289 21 S. 6, 332, oder weil die werktätigen Mitglieder ihre Arbeitsleistungen ohne Entgelt zur Verfügung stellen, wie beispielsweise bei einer Volkskaffeeküche. B. v. 21. März 1921 I B 42/21 (n. v.); ebenso ist die Anerkennung nicht deshalb versagt worden, weil das Unternehmen sein Betriebskapital besonders niedrig verzinst oder ganz geringfügige Überschüsse abwirft, B. v. 25. Febr. 21 I A 38 21, v. 30. März 21 I B 1 21, v. 21. März 21 I B 42 21 u. v. 15. März 21 I B 80/21 (sämtlich n. v.). Das beruht auf der Erwägung, daß ein Erwerbsunternehmen unter gleichen Verhältnissen mit einer derartig geringen Verzinsung oder so niedrigen Überschüssen wirtschaftlich nicht bestehen könnte.

c) Die Tatsache allein, daß unternormale Entgelte erzielt werden, genügt nicht zur Anwendung der Befreiungsvorschrift, wenn nicht aus sonstigen Gründen die ausschließliche Gemeinnützigkeit des Unternehmens herzuleiten ist, so für den Bankverkehr einer öffentlichen Sparkasse, B. v. 11. Februar 21 I B 33/20 S. 5, 76, für die Arbeitsstätte und Brockensammlung einer evangelischen Stadt-Mission, B. v. 11. Febr. 21 I B 44/20 S. 5, 65, für die Wäscherei und die Landwirtschaft eines Klosters, B. v. 31. Aug. 21 I B 159/21 (n. v.).

VI. Einzelne ausschließlich gemeinnützige Unternehmen.

8. Unterrichts- und Erziehungswesen: städt. Haushaltungs- und Gewerbeschule für junge Mädchen, B. v. 26. März 21 I B 87/21 (n. v.); klösterliche Erziehungsanstalt, B. v. 25. Febr. 21 I B 27 21 S. 5, 123; die Rheinische Ritter-Akademie, B. v. 21. Jan. 21 I B 138 21 (n. v.), ein vom katholischen Männerverein eingerichtetes Knabenpensionat, B. v. 18. Febr. 21 I B 41/21 (n. v.); ein katholisches Konvikt, B. v. 26. März 21 I B 93 21 (n. v.); ein Pfarrertöchterheim, B. v. 8. Juli 21 I B 68 21 RStBl. 1921 S. 369, mensa academica einer Universität, B. v. 25. Mai 21 I B 162/21 S. 6, 41 = RStBl. 1921, 287; ein Waisenhaus, B. v. 25. Febr. 21 I B 57/21 (n. v.), aus ganz besonderen Gründen auch eine Privatschule, B. v. 5 Juli 21 I B 145/21 S. 6, 299 = RStBl. 21 S. 368 — jetzt überholt durch § 3 Ziff. 4.

9. Gesundheitswesen: Krankenanstalten, B. v. 14. Juni 1921 I B 35 20, S. 6, 100; Universitätsklinik, B. v. 23. Juni 21 I B 12/21 (n. v.); Veterinärklinik, B. v. 15. Juli 21 I B 66/21 S. 6, 297; ambulante

Krankenpflege, B. v. 21. Mai 21 I B 140/21 (n. v.); Epileptischen-Anstalt, B. v. 25. Febr. 21 I B 39/21 S. 5, 81, Blindenanstalten, B. v. 15. Juli 21 I B 55/21 (n. v.); ein Kinderheim, B. v. 21. März 21 I B 76/21 (n. v.); Unterbringung erholungsbedürftiger Kinder an der Nordsee, B. v. 25. Febr. 21 I B 38/21 (n. v.); Erholungs- und Genesungsheim, B. v. 29. April 21 I B 82/21 (n. v.); Erholungshaus für Personen des Mittelstandes, B. v. 21. März 21 I B 2/21 (n. v.), Invalidenheim, B. v. 31. Aug. 21 I B 161/21 (n. v.); städtische Volksbadeanstalt, B. v. 22. Dez. 20 II B 30/20 S. 4, 181; städtische Düngerabfuhr (ohne Benutzungszwang), B. v. 12. Juli 21 I B 198/21 S. 6, 289 = RStBl. 1921 S. 370 und vom 18. Juni 21 I B 110/21 RStBl. 1921 S. 370; städtische Müllabfuhr (ohne Benutzungszwang), B. v. 16. Sept. 21 I B 304/21 (n. v.).

10. Innere Mission und dgl.: Volkskaffeeküchen B. v. 11. März 21 I B 42/21 und v. 15. März 21 I B 80/21 (n. v.); Einrichtung alkoholfreier Erfrischungsräume, B. v. 3. Juni 21 I B 118/21, v. 23. Juni 21 I B 267/21 und v. 30. Juni 21 I B 19/21 (sämtlich n. v.); eine Mägdeherberge, B. v. 29. April 21 I B 21/20 (n. v.); die Ausgabe eines Missionsblattes, B. v. 11. Febr. 21 I B 44/20 S. 5, 65; die Verbreitung christl. Schriften, B. v. 23. Juni 21 I B 98/21 (n. v.).

11. a) Wirtschaftliche Wohlfahrt: eine gemeinnützige Siedlungsgesellschaft, B. v. 11. März 21 I B 30/21 (n. v.); Abgabe alter Bekleidung an die bedürftige Bevölkerung, B. v. 15. März 21 I B 80/21 (n. v.; Mittelstandsküchen, B. v. 22. Dez. 20 II B 38/20 S. 4, 142; die Herstellung von Ersatzfutter für den Kriegsausschuß, B. v. 9. Juni 21 I B 183/21 S. 6, 233; öffentliche Sparkassen für den eigentlichen Sparkassenverkehr, B. v. 11. Febr. 21 I B 33/20 S. 5, 76, B. v. 12. April 21 I B 34/21 RStBl. 1921, 267.

b) Soweit freilich derartige von Gemeinden ins Leben gesetzte Unternehmungen dahin führen, durch Unterbietung der im freien Handel erzielten Preise diesem Abbruch zu tun, soweit also wirtschaftspolitische Zwecke verfolgt werden, hat der Reichsfinanzhof die Anerkennung der ausschließlichen Gemeinnützigkeit wiederholt abgelehnt, so bei einer kommunalen Kleiderstelle, B. v. 8. Juli 21 I B 254/21 (n. v.); bei einer Ortskohlenstelle, B. v. 30. Juni 21 I B 291/21 (n. v.); beim Vertrieb von Torf und Baumaterialien durch eine Stadt zum Selbstkostenpreise, B. v. 12. Juli 21 I B 172/21 RStBl. 1921 S. 368; beim Vertrieb von Bedarfsgegenständen verschiedener Art, insbesondere von Nahrungsmitteln durch die Gemeinde, B. v. 15. März 21 I B 37/21 S. 5, 194, = RStBl. 1921 S. 128, auch RStBl. 1921, 251, bei der Landesfleischstelle, die nach Aufhebung der Zwangswirtschaft Fleisch an die Bevölkerung zu wesentlich niedrigeren Preisen als der freie Handel abgibt, B. v. 16. Sept. 21 I B 442/21 S. 7, 91.

c) Anders ist der Fall beurteilt worden, in dem ein Kreiswirtschaftsamt billige Lebens- und Futtermittel beschaffte und an den freien Handel zum Verkauf zu vorgeschriebenen, einen Preisaufschlag vorsehenden Preisen abgab, B. v. 18. Mai 21 I B 23/20 S. 6, 75 = RStBl. 1921, 298. Ähnlich: B. v. 8. Juli 21 I B 192/21 S. 6, 300 (Versorgung der Bevölkerung mit billigem Hausrat durch Abgabe billigen Holzes seitens einer G. m. b. H. an Tischler, die Mitglieder der G. m. b. H. sind). Auch in der besonders billigen Abgabe von Waren, die im freien Handel überhaupt nicht oder nicht ausreichend zu beschaffen sind, hat der Reichsfinanzhof keine Unterbindung des freien Handels erblickt und deshalb die ausschließliche Gemeinnützigkeit anerkannt, so bei der städtischen Milchversorgung, B. v. 5. Juli 21 I B 148/21

(n. v.) u. v. 25. Juni 21 I B 56/21 S. 6, 240; bei städtischen Fleischabgaben, B. v. 16. Sept. 21 I B 439/21 (n. v.), ähnlich bei einer städt. Besohlanstalt, die Schuhwerk ausbessert, das auszubessern die Schuster ablehnen, B. v. 30. Juni 21 I B 291/21 (n. v.).

12. Bildungswesen: städt. Theater (vgl. § 10 Abs. 1 Satz 2 der Ausf.best.), B. v. 15. Juli 21 I B 273/21 S. 6, 290; ein Konzertverein, B. v. 16. Sept. 21 I B 293/21 (n. v.); ein Tiergartenverein, B. v. 22. Dez. 20 II B 45/20 S. 4, 105; Verein, der zur Pflege des vaterländischen Gedankens Vorträge über den Weltkrieg veranstaltet, B. v. 3. Juni 21 I B 125/21 (n. v.); ein Kunstverein, B v. 20. Sept. 21 I B 48/21 (n. v.).

13. Einzelfälle: eine städt. Wage, B. v. 21. März 21 I B 21/21 (n. v.); ein Verkehrsverein, B. v. 30. Juni 21 I B 270/21 (n. v.); ein Turnverein, B. v. 15. Juli 21 I B 288/21 (n. v.).

VII. Ausschließlich wohltätige Unternehmungen.

14. Im B. v. 25. Mai 1921 I B 100/21 S. 6, 42 ist ausgesprochen, daß der Begriff der Wohltätigkeit nicht gleichbedeutend ist mit dem der Wohlfahrtspflege. Demgemäß ist ebenda einer Einkaufsstelle für Beamte die Anerkennung der ausschließlichen Wohltätigkeit versagt worden.

15. Ausschließliche Wohltätigkeit verträgt sich ebensowenig wie Gemeinnützigkeit mit konkurrierenden egoistischen Zwecken des Unternehmens; B. v. 15. März 21 I B 74/21 RStBl. 1921 S. 240 (Heuerstelle eines Reedereivereins), Beschluß v. 11. Febr. 21 I B 37/20 S. 5, 40 n. v. (Werksküche und Kantine einer Fabrik).

16. Der Begriff der Wohltätigkeit setzt voraus, daß die Wohltaten anderen Personen als den Wohltätern erwiesen werden, B. v. 5. Juli 1921 I B 88/21 (n v.).

17. Er fordert weiter, daß die Behebung einer Notlage angestrebt wird. Daher muß der Zweck der Unternehmen auf Minderbemittelte beschränkt sein, B. v 30. März 21 I B 14/21 (n. v.). Das Vorliegen einer zu behebenden Notlage ist verneint worden: bei einem für Postbeamte geschaffenen Lebensmittelausschuß, B. v. 23. Juni 21 I B 188 21 (n. v); bei einem Erholungsverein für Mitglieder einer bestimmten Organisation, B. v. 10. Mai 21 I B 147/21 RStBl. 1921 S. 298; bei einer Einkaufsstelle der Beamten einer Versicherungsgesellschaft, B. v. 25. Mai 21 I B 100 21 S. 6, 42.

18. Auf der Seite des Leistenden setzt der Begriff der Wohltätigkeit voraus, daß gewisse materielle Opfer gebracht werden, die nicht ganz unerheblich sind, B. v. 25. Mai 21 I B 100/21 S. 6, 42, B. v. 22. Dez. 20 II B 39/20 S. 4, 146

§ 4 (gestrichen).

1. Die Streichung des von der Vergütung des Ausfuhrhändlers handelnden § 4 ist die Folge der Beseitigung der Befreiung der Ausfuhr des Fabrikanten. Wegen der Ausfuhr luxuspflichtiger Gegenstände vgl. § 19 a.

2. Nach dem Wegfall dieses Paragraphen hat das U. v. 7. November 21 II A 321 S. 7, 189 über die Vergütung des Warenumsatzstempels nur noch für die Vergangenheit Bedeutung.

§ 5.

In den Fällen, in denen die Steuer lediglich an die Lieferung anknüpft, liegt eine Lieferung im Sinne dieses Gesetzes vor, wenn der Lieferer dem Abnehmer die Verfügung über eine Sache verschafft. Als Lieferung ist auch eine Leistung aus einem Vertrag über die Bearbeitung und Verarbeitung einer Sache anzusehen, wenn der Unternehmer Stoffe, die er beschafft, verwendet und es sich hierbei nicht nur um Zutaten oder Nebensachen handelt. Das gilt auch, wenn Sachen in Ausführung eines solchen Vertrages mit dem Grund und Boden fest verbunden werden.

Der Lieferung steht die Übertragung der mit dem Besitz eines Pfandscheins verbundenen Rechte gleich.

1. Werkvertrag bei Herstellen luxussteuerpflichtiger Gegenstände vgl. zu § 18 Anm. 1.

2. Über die Hingabe von Gold zur Bearbeitung vgl. zu § 1 Anm. 1 d.

§ 6.

Ist bei einer Lieferung für die Höhe des Steuersatzes die Beschaffenheit des Gegenstandes maßgebend, so entscheidet bei Gegenständen, die aus mehreren Stoffen zusammengesetzt sind, der wertvollere Bestandteil über den Steuersatz.

Die Vorschrift findet auf die Steuerpflicht nach § 1 Nr. 2 entsprechende Anwendung.

1. Zu § 8 Nr. 1 Satz 2 des Gesetzes v. 1918, der dem § 6 des jetzigen Gesetzes entspricht, ist ausgesprochen worden, daß als zusammengesetzt ein Gegenstand nur dann anzusehen ist, wenn seine Bestandteile durch mechanische (nicht durch chemische) Zerlegung gewonnen und so wieder in selbständige Sachen umgewandelt werden können (U. v. 15. Okt. 19 II A 152/19 S. 1, 236).

2. Ergibt sich die Luxussteuerpflicht zusammengesetzter Gegenstände aus besonderen Vorschriften des Gesetzes, z. B. aus § 15 I 13, so kommt § 6 nicht zur Anwendung (U. v. 24. Juni 21 II A 241/21 n. v.).

§ 7.

Bei Abwicklung mehrerer von verschiedenen Unternehmern über dieselben Gegenstände oder über Gegenstände gleicher Art abgeschlossenen Umsatzgeschäfte sind nur die Lieferungen derjenigen Unternehmer steuerpflichtig, die den unmittelbaren Besitz übertragen. Der Übertragung des unmittelbaren Besitzes durch einen Unternehmer steht die Übertragung durch denjenigen gleich, der die Gegenstände auf Grund eines besonderen, mit dem Unternehmer abgeschlossenen Vertrags für diesen besitzt, es sei denn, daß er lediglich die Beförderung der Gegenstände übernommen hat.

Betrifft im Falle des Abs. 1 eines der Umsatzgeschäfte eine Lieferung der in den §§ 15 und 21 bezeichneten Art, so ist der Lieferer auch dann steuerpflichtig, wenn er den unmittelbaren Besitz nicht überträgt.

Die Lieferung von Elektrizität, Gas und Wasser durch zusammenhängende Leitungen mehrerer Unternehmungen gilt als nur einmalige Übertragung des unmittelbaren Besitzes; steuerpflichtig ist die erste Liefererin.

I. Mehrere Umsatzgeschäfte über dieselben Gegenstände.

1. Die im § 7 aufgestellte Befreiungsvorschrift zugunsten des reinen Zwischenhandels setzt voraus, daß die mehreren Umsatzgeschäfte über dieselben Gegenstände oder über Gegenstände gleicher Art abgeschlossen worden sind. Dieses Erfordernis fehlt, wenn eine Fabrik die Herstellung einer Kühlanlage übernimmt und die dazu notwendige Maschine nach ihren Zeichnungen von einer Maschinenfabrik herstellen und unmittelbar an den Aufstellungsort in die Räume des Bestellers befördern läßt, weil Gegenstand der Verpflichtung der Unternehmerin die Herstellung eines Werkes, Gegenstand der Verpflichtung der Maschinenfabrik aber die Lieferung eines dazu notwendigen Gegenstandes, eben der Maschine ist (U. v. 11. Okt. 21 V A 3/21 S. 7, 106).

2. Für die Frage, ob mehrere Umsätze von denselben Gegenständen vorliegen, ist die Verkehrsauffassung maßgebend, im Zweifel entscheidet die Marktgängigkeit der Ware. Geeichte und ungeeichte Gewichte sind nicht dieselben Gegenstände (U. v. 24. Jan. V A 195/21 S. 8, 123).

II. Übertragung des unmittelbaren Besitzes.

3. Für den Begriff des unmittelbaren Besitzes, der in § 7 verwandt wird, hat ein nicht veröffentlichtes U. v. 23. Juli 19 II A 153/19 im allgemeinen die Grundsätze des bürgerlichen Rechts für maßgebend erachtet Vgl. aber Anm. 7 Abs. 2.

Demgemäß ist angenommen worden, daß ein Einkaufskommissionär der Reichsgetreidestelle, der die eingekauften Erzeugnisse von den liefernden Landwirten am Bahnhof übernimmt, verlädt und an die von der Reichsgetreidestelle aufgegebenen Stellen verschickt, an den Erzeugnissen unmittelbaren Besitz erlangt und überträgt (U. v. 23. Juli 19 II A 153/19, U. v. 23. Dez. 20 II/392/20, n. v.), ebenso bei dem Aufkäufer eines Kommunalverbands, der die Waren ebenfalls von den Lieferern selbst am Bahnhof im eigenen Namen übernimmt, in die Eisenbahnwagen verlädt und an die ihm aufgegebenen Stellen absendet (U. v. 23. Juli 19, II A 153 19 A. M. 1919, 325), ferner bei der Übernahme und Weiterleitung gekaufter Waren durch das eigene Fuhrwerk des Zwischenhändlers oder Verkaufskommissionärs (U. v. 5. Mai 20 II A 119 20 RStBl. 1920, 417).

4. Anwendung auf Bezugsvereinigungen.

a) Zweimalige Übertragung des unmittelbaren Besitzes auf Grund von zwei Umsätzen ist angenommen worden in einem Fall, in dem ein Bezugsverein Waren, die er in seinem Namen für seine Mitglieder bestellt hatte und die an ihn adressiert waren, durch seinen Vorstand am Bahnhof in Empfang genommen und sogleich an die einzelnen Mitglieder verteilt hatte (U. v. 15. Nov. 21 V A 79/21 n. v.).

Ebenso, wenn eine Genossenschaft für ihre Mitglieder Waren im eigenen Namen bestellt, am Bahnhof durch ihre Organe in Empfang nimmt und an die Besteller verteilt (U. v. 7. Febr. 22 V A 255/21 n. v.). Ähnlich U. v.

18. Jan. 22 V A 301/21 S. 8 Nr. 35, wobei als rechtlich möglich unterstellt worden ist, daß sich die Genossenschaft auch durch die beziehenden Besteller selbst bei der Empfangnahme und der Verteilung vertreten lassen kann.

b) Haben dagegen mehrere Verbraucher einen Vertrauensmann mit dem Einkauf von Waren beauftragt, und schließt der Beauftragte im Namen der Auftraggeber einen Kaufvertrag mit dem Lieferer dergestalt ab, daß die Waren an ihn zu liefern sind, so liegt in der Verteilung der Waren durch den Vertrauensmann an die einzelnen Empfänger kein neues Umsatzsteuergeschäft, sondern die nicht umsatzsteuerpflichtige Abwickelung des Auftrags (U. v. 14. Febr. V A 259/21 n. v.).

5. Die Grundsätze über die Übertragung des unmittelbaren Besitzes hatte der RFH. auf die Verteilung elektrischen Stroms und dessen Zuführung durch ein Stromverteilungsunternehmen übertragen (U. v. 28. April 20 II A 62/20 S. 2, 304). Dieses Urteil ist durch die abweichende Regelung in dem neu eingefügten Abs. 3 des § 7 überholt.

III. Besitzvermittler, insbes. Beförderungsunternehmer.

6. Vom bürgerlichen Recht weicht § 7 des Gesetzes von 1919 ab, indem er eine Stellvertretung im Besitz für das Umsatzsteuerrecht anerkennt, insofern die Übertragung des unmittelbaren Besitzes durch einen Unternehmer die Übertragung durch seinen Besitzvermittler, nämlich durch denjenigen gleichsteht, der die Gegenstände auf Grund eines besonderen mit dem Unternehmer abgeschlossenen Vertrags für diesen besitzt. Hierzu hat RFH. ein eingehendes Gutachten erlassen, das zu folgendem Ergebnis gelangt: Wenn anläßlich des Verkaufs der bei einem Lagerhalter von A in Verwahrung gegebenen Ware durch A an B und weiter von B an C, A dem B seinen Herausgabeanspruch gegen A abtritt und nunmehr B durch Vereinbarung mit dem Lagerhalter in dem von A abgeschlossenen Verwahrungsvertrag eintritt, muß B die später durch den Lagerhalter an C erfolgte Übergabe gegen sich gelten lassen, so daß er neben A nach § 7 umsatzsteuerpflichtig wird (G. v. 26. März 20 II D 2/20 S. 2, 328).

7. Diese Wirkung der Besitzübertragung durch einen Vertreter tritt nicht ein, wenn der Besitzvermittler lediglich die Beförderung der Gegenstände übernommen hat. Wenn also ein Holzhändler das von ihm ersteigerte, im Walde lagernde Holz durch einen selbständigen Fuhrunternehmer abholen und unmittelbar auf die Bahn zur Weiterbeförderung an seine Kunden bringen läßt, erwirbt und überträgt er daran nicht unmittelbaren Besitz im Sinne von § 7. Er ist umsatzsteuerfrei, Umsatzsteuer hat nur der Waldbesitzer als erster Veräußerer des Holzes zu entrichten (U. v 11. Okt. 21 V A 34/21 S. 7, 85).

Dasselbe Urteil entfernt sich auch insofern vom bügerlichen Recht, worin es in Anwendung von § 4 RAbgO. ausgesprochen hat, daß ein Holzhändler, der in einer Holzversteigerung im Wald lagerndes Holz zugeschlagen erhält, selbst daran nicht unmittelbaren Besitz im Sinne von § 7 erlangt, wenn er den Erwerb des unmittelbaren Besitzes im Sinne des bürgerlichen Rechts aus § 854 Abs. 2 BGB. („die Einigung des bisherigen Besitzers und des Erwerbers genügt zum Erwerb des Besitzes, wenn der Erwerber in der Lage ist, die Gewalt über die Sache auszuüben") sollte herleiten können wie z. B. bei der Erteilung einer Zuweisungsbescheinigung seitens der Versteigerer.

8. Mit dieser Ausnahmevorschrift zugunsten des Zwischenhändlers, der sich eines Beförderungsunternehmens bedient, sind die früheren entgegengesetzten Entscheidungen des RFH., die für das Gesetz von 1918 ergangen waren, überholt. Das gilt von folgenden Urteilen: vom 8. April 21 II A 56/21 RStBl. 1921 266, v. 16. Juni 20 II A 188/20 RStBl. 1920 470; 11. März 21 II A 74/21 RStBl. 1921 205; 5. Juli 21 II A 238 21 RStBl. 1921 325. Insbesondere kann es jetzt nicht mehr gegen den Zwischenhändler als dessen Steuerpflicht begründend wirken, wenn sein Lieferant die Ware an die Kunden des Zwischenhändlers mit Frachtbriefen versendet, die als Absender die Firma des Zwischenhändlers tragen, vgl. für das frühere Recht die entgegengesetzte Auffassung im U. v. 8. April 21 II A 56,21 RStBl. 1921 266.

9. Für den jetzigen Rechtszustand:

a) U. v. 31. März 22 V A 261/21 (zur Veröff. bestimmt): Ein Zwischenhändler, der mit der Eisenbahn ankommende Warensendungen im Eisenbahnwagen beläßt und die Eisenbahnverwaltung unter Ausstellung eines neuen Frachtbriefes anweist, die Sendung an einen Dritten weiterzubefördern (Umkartierung), überträgt damit nicht den unmittelbaren Besitz an der Ware im Sinne des § 7.

b) Das erschöpfende U. v. 14. März 22 V A 142/21 (zur Veröff. bestimmt), das den Kohlenzwischenhandel betrifft: Ein Kohlenhändler bezieht unter seiner Adresse Kohlen. Die ankommenden Wagenladungen sind zum Teil im ganzen für einzelne seiner Kunden bestimmt, zum Teil werden sie für mehrere Kunden verkauft. Wenn im ersteren Falle der Kohlenhändler die Kunden veranlaßt, den angekommenen Wagen bei der Eisenbahn zu entladen und die Kohlen abzufahren, oder wenn er einen selbständigen Fuhrunternehmer beauftragt, die gesamte Wagenladung einem Kunden zuzuführen, so liegt darin nicht die Übertragung des unmittelbaren Besitzes im Sinne des § 7, weil die Besitzvermittler in beiden Fällen die Kohlen nur auf Grund des Beförderungsvertrages besitzen. Nimmt dagegen der Großhändler die Wagenladung selbst in Empfang und führt er sie durch seine Angestellten dem einzigen Abnehmer zu, so überträgt er den unmittelbaren Besitz daran, denn seine Angestellten sind seine Besitzesdiener, damit ist er schon nach bürgerlichem Recht unmittelbarer Besitzer geworden, oder sie besitzen die Kohlen für ihn nicht kraft des Beförderungsvertrages, sondern kraft ihres Dienstverhältnisses. Ebenso überträgt der Kohlenhändler den unmittelbaren Besitz im Sinne des § 7, wenn er die für mehrere Kunden bestimmte, an ihn adressierte Wagenladung selbst oder durch seine Leute oder durch einen von ihm beauftragten selbständigen Fuhrunternehmer in Empfang nimmt, verteilt und den einzelnen Kunden zufahren läßt. Auch im letzteren Falle ist mit dem Fuhrunternehmer ein Vertrag abgeschlossen worden, der sich nicht nur auf Beförderung der Kohlen, sondern darüber hinaus auf deren Verteilung auf die einzelnen Abnehmer bezieht.

10. Einzelfälle.

a) Daraus, daß ein Zwischenhändler (eine Färberei) vor Empfang der Waren mit seinen Abnehmern über die an diese weiterverkauften Waren einen auf Bearbeitung dieser Waren (Färben) gerichteten Werkvertrag abschließt, ist nicht herzuleiten, daß er den Besitz der an ihn von seinem Lieferer gesandten Waren auf seine Abnehmer nur in Erfüllung des Werkvertrags und nicht auch in Erfüllung des Kaufvertrags übertrage; er ist daher als umsatzsteuerpflichtig erachtet worden (U. v. 11. März 21 II A 87/21 S. 5, 121).

b) Übertragung des unmittelbaren Besitzes durch den Zwischenhändler ist in einem Fall angenommen worden, wo der Zwischenhändler (eine Gesellschaft) mit anderen Firmen eine Gesellschaft gebildet hatte, die Heereslieferungen an die erste Gesellschaft zur Weiterlieferung an die Heeresverwaltung machte, wobei auch die eigenen Erzeugnisse der ersten Firma von dieser als Vertreterin der Lieferungsgesellschaft besonders verwahrt und weitergeliefert wurden; der RFH. hat angenommen, daß hier die gesetzlichen Vertreter der ersten Firma durch Kontrahieren mit sich selbst den Besitz an den von dieser Firma hergestellten Waren namens der Lieferungsgesellschaft erwarb und an die Heeresverwaltung weiter übertrugen, sodaß sowohl die erste Firma als auch die Lieferungsgesellschaft umsatzsteuerpflichtig waren (U. v. 7. Jan. 20 RStR. 171/19 1920, 118).

IV. Kommissionär.

11. Die Grundsätze des § 7 gelten auch für den Kommissionär, den der RFH. grundsätzlich entsprechend der geschichtlichen Entwickelung und der wirtschaftlichen Bedeutung des Kommissionsgeschäfts wie einen Zwischenhändler behandelt.

a) Bei der Verkaufskommission liegen demnach zwei Umsatzgeschäfte über denselben Gegenstand (das Kommissionsgut) vor (G. v. 20. Juli 19 II D 7/19 S 1, 40 B, bestätigt durch U. v. 28. Juli 20 II A 219/20 RStBl. 1920, 509). Der Grundsatz ist u. a. angewendet worden auf die Steuerpflicht des den Most bei den Winzern abholenden Weinkommissionärs (U. v. 11. März 21 II A 102/21 RStBl. 1921 S. 201 u. v. 1. April 21 II A 277/20 RStBl. 1921 S. 250), auf eine Genossenschaft, die Häute und Felle aus den Beständen ihrer Genossen in ihren Besitz brachte und namens der Genossen als Verkaufskommissionäre weiterveräußerte (U. v. 6. Mai 21 II A 30 21 RStBl. 1921, 265), auf einen Lotteriekollekteur, der die Lose dem Lotterieunternehmen abnimmt und für eigene Rechnung zur Veräußerung im eigenen Namen weiter verkauft (U. v. 15. April 21 II A 19 21 RStBl. 1921, 250) Der RFH. hat ausdrücklich die Auffassung abgelehnt, daß der Verkaufskommissionär, der die Ware (im entschiedenen Falle Kunsteis) vom Lieferanten mit seinem Geschirr abholt und dem Kunden zuführt, bloß Besitzdiener der Kunden und nicht viel mehr selbst unmittelbarer Besitzer des Eises geworden sei (U. v. 5. Mai 20 II A 119/20 n v.). Er hat sogar ausgesprochen, daß eine Vertragsbestimmung, die einem Einkaufskommissionär die Bestellung eines Besitzdieners zuweist, nach § 5 RAbgO. nicht die Wirkung hat, den Kommissionär gemäß § 7 von der Umsatzsteuer zu befreien (U. v. 7. Febr. 22 V A 266/21 S. 8 Nr. 54).

b) Die gleichen Grundsätze gelten für den Einkaufskommissionär. Vgl. U. v. 17. Mai 21 II A 204/21 S. 6, 6, wo die Befreiung der Weiterlieferungen des Einkaufkommissionärs, der an sich steuerpflichtig ist, aus § 2 Nr. 1 hergeleitet wird, weil es sich um den ersten Umsatz eingeführter Gegenstände handelt. Demgemäß wird als umsatzsteuerpflichtig, und zwar als Einkaufskommissionär mit dem erzielten Gesamtentgelt, angesehen: wer gelegentlich einer Versteigerung Kunstgegenstände gewerbsmäßig für bestimmte Auftraggeber durch Zuschlag erwirbt, und zwar auch dann, wenn der Besitz vom Versteigerer unmittelbar auf den Erwerber übertragen wird (U. v. 9. Juni 20. II A 368 19 S. 3, 98); dieses Urteil betrifft den § 4 des Gesetzes von 1918 und hält ihn für unanwendbar bei der Veräußerung erhöht umsatzsteuerpflichtiger Gegenstände; es hat damit den Rechtszustand vorweg genommen, der im § 7 Abs. 2 des Gesetzes von 1919 sanktioniert ist.

c) Wegen der Höhe des Entgelts beim Kommissionär und der Behandlung seiner Provision vgl. zu § 8 Anm. 11 und 12.

§ 8.

Die Steuer wird von dem für die steuerpflichtige Leistung vereinnahmten Entgelte berechnet. Erfolgt die Besteuerung nach Zeitabschnitten (§ 33), so ist die Gesamtheit der in den Zeitabschnitten vereinnahmten Entgelte zugrunde zu legen.

In den Fällen der § 17 Nr. 3, § 23 Abs. 1 Nr. 4 ist dem Entgelte der auf den Gegenstand entfallende Eingangszoll hinzuzurechnen, sofern er nicht bereits im Lieferungspreis enthalten ist.

In den Fällen des § 1 Nr. 2 tritt an die Stelle des Entgelts der gemeine Wert der entnommenen Gegenstände; dabei ist von den Preisen auszugehen, die am Orte und zur Zeit der Entnahme für Gegenstände der gleichen oder ähnlichen Art von Wiederverkäufern gezahlt zu werden pflegen.

In den Fällen des § 5 Abs. 2 gilt als Entgelt der Preis des Pfandscheins zuzüglich der Pfandsumme.

Ist für die Steuerpflicht einer einzelnen Lieferung die Höhe des Entgelts maßgebend, so ist vom Entgelte für die Lieferung jedes einzelnen Gegenstandes auszugehen, es sei denn, daß mehrere auf einmal entnommene Gegenstände eine wirtschaftliche Einheit bilden oder nach der Bestimmung des Lieferers nur zu einem Gesamtpreis gemeinsam lieferbar sind.

Beträge, die vom Leistungsverpflichteten für die Beförderung und Versicherung der Gegenstände, auf die sich die Verpflichtung bezieht, in Rechnung gestellt werden, sind nur insoweit nicht als Teil des Entgelts anzusehen, als durch sie die Auslagen des Leistungsverpflichteten für die Beförderung und Versicherung ersetzt werden.

Die Kosten der Warenumschließung dürfen nur dann vom Entgelt gekürzt werden, wenn die Warenumschließung vom Lieferer zurückgenommen und das Entgelt um den auf sie entfallenden Teil gemindert wird.

Bei Geschäften, deren Abwicklung in einer steuerpflichtigen Leistung jedes der Beteiligten an den andern besteht (z. B. Tauschgeschäften), gilt der Wert jeder der Leistungen als Entgelt für die andere; diese Vorschrift findet bei Hingabe an Zahlungs Statt entsprechende Anwendung.

Ausländische Werte sind nach näherer Bestimmung des Reichsministers der Finanzen umzurechnen.

I. Begriff des Entgelts.

1. Gegenleistung für eine Leistung.

a) Vgl. zu § 1 Anm. 5.

b) Als Entgelt für die ursprüngliche Leistung ist auch die Abtretungsvaluta anzusehen. Tritt der Leistende oder Liefernde seine Forderung gegen den Empfänger der Leistung oder Lieferung an einen Dritten ab, so steht die Zahlung der Abtretungsvaluta durch den Dritten der Zahlung des Entgelts durch den Empfänger der Lieferung oder Leistung gleich, denn damit erhält der Leistende wirtschaftlich die Gegenleistung für seine Leistung. Der Betrag, der für die Abtretung der Forderung gewährt worden ist, ist also in die Umsatzsteuererklärung aufzunehmen. Zieht der Dritte später den abgetretenen Forderungsbetrag ein, so erwächst dafür keine Umsatzsteuer (U. v. 17. Dezbr. 19 II A 292/19 S. 2, 67)

II. Vereinnahmung des Entgelts.

2. Das Entgelt braucht nicht bar entrichtet zu werden.

a) Die Übernahme von Hypotheken und Grundschulden stellt die Vereinnahmung des Entgelts für das verkaufte Grundstück dar (U. v. 16. Nov. 20 II A 237/20 RStBl. 1921, 10, U. v. 28. Jan. 21 II A 42/21 S. 4, 276, U. v. 29. Nov. 21 V A 90/21 AStR. 1921), ebenso die Übernahme von Schiffshypotheken (U. v. 16. Nov. 20 II A 237/20 n. v.).

b) Auch die Bestellung einer Verkehrshypothek für einen Teil des Verkaufspreises (Kaufgeldhypothek) durch den Erwerber bildet bei der Veräußerung von Grundstücken einen Teil des vereinnahmten Entgelts, denn damit erwirbt der Veräußerer ein Rechtsgut, das er selbständig verwerten kann (U. v. 4. Okt. 21 V A 58/21 S. 7, 67).

III. Höhe des Entgelts.

3. Entgelt ist nicht bloß, was der Leistende für sich behalten darf, sondern der gesamte Betrag, den der Abnehmer aufwenden muß, um die Lieferung oder Leistung zu erhalten.

Spesen und Aufwendungen, die in dem Entgelt mit enthalten sind, dürfen daher nicht abgezogen werden. Das ist ausgesprochen worden für Mäklergebühren, die der Erwerber eines Grundstücks im Kaufpreis mit übernimmt (B. v 16 Nov. 20 II A 237/21 RStBl. 1921 S. 10), für Reisekosten, die der Leistende aufzuwenden hat, um die Leistung zu bewirken (U. v. 5. Nov. 19 II A 249/19 AM. 1919, 415), für den nach Abschaffung des Trinkgeldes im Gasthofsgewerbe üblichen Bedienungszuschlag ohne Rücksicht darauf, ob die Angestellten vom Wirt ein festes Gehalt oder einen bestimmten Prozentsatz der Rechnung erhalten (U. v. 3. Juni 21 II A 233/21 S. 6, 84) für die vom Erwerber mit dem Steigerungspreis zu entrichtende Versteigerungsgebühr (U. v. 31. Januar 22 V A 124/21 zur Veröffentlichung bestimmt.)

Demgemäß ist auch eine Firma, die Laubfutterkuchen für einen Kriegsausschuß herstellte, der ihr gegen Bezahlung zunächst das Material lieferte, unter dem Gesichtspunkt des Werklieferungsvertrags, mit dem vollen Kaufpreis des Futterkuchens umsatzsteuerpflichtig gemacht worden (U. v 11. Febr. 20 II A 392/19 n. v.).

4. Unter dem gleichen Gesichtspunkt sind die Auslagen-Pauschalsätze der Rechtsanwälte umsatzsteuerpflichtig (G. v. 10. Nov. 20 II D 7/20

S. 3, 351), ebenso die Barauslagen (Fahrkosten, Spesen der Angestellten, Auslagen bei Ankauf von Überführungsstücken bei Hehlern), deren Erstattung sich ein Privatdetektiv versprechen läßt (U. v. 28. März 22 V A 26/22 n. v.).

5. Ebenso gehören Verpflegungsgelder, die ein Trainer vom Rennstallbesitzer zur Beschaffung von Streu und Futter für die ihm anvertrauten Pferde und zur Entlohnung der Stalleute empfängt, zum umsatzpflichtigen Entgelt; denn der Trainer haftet für den Erfolg, für die gute Form der Pferde. Durchlaufende Posten liegen nicht vor, weil der Auftraggeber nicht Schuldner der dritten Empfänger des Geldes ist (U. v. 28. März 22 V A 211/21 n. v.).

6. Unter Umständen kann das Entgelt sogar lediglich in den Selbstkosten des Leistenden bestehen, so bei einer Gesellschaft, die ihren Gesellschaftern Lagerräume und Fuhrwerk gegen Erstattung der von der Gesellschaft aufgewendeten Gehälter und Löhne zur Verfügung stellt (U. v. 6. Okt. 20 II A 189/20 S. 3, 281).

7. Anders sind durchlaufende Gelder zu beurteilen, die der Leistende gewissermaßen für den Empfänger der Leistung verauslagt; vgl. U. v. 26. Juni 21 II A 223/21 S. 6, 93, wo freilich eine genaue Klarstellung des Begriffs des durchlaufenden Posten noch nicht gegeben wird. Vgl. Anm. 5.

8. Aus den gleichen Erwägungen ist grundsätzlich der Abzug indirekter Abgaben, die den Leistenden wegen der Leistung treffen, für unzulässig erklärt worden.

a) So für die Weinsteuer, die vom Lieferer dem Abnehmer in Rechnung gestellt wird (U. v. 23. Dez. 19 II A 339/19 RStBl. 1920, 158 u. U. v. 23. Juli 19 II A 92/19 S. 1, 137).

b) Für die Lustbarkeitssteuer (Vergnügungssteuer), die die Theater, Lichtspielunternehmungen und dergl. zu entrichten haben, auch wenn sie in Form von Kartensteuer erhoben wird (U. v. 23. Juli 19 II A 140/19 S. 1, 140, U. v. 28. Jan. 20 II A 408/20 RStBl. 1921 136, U. v. 25. Febr. 20 II A 213/20 D. StBl. 3, 85, U. v. 11. Febr. 21 II A 21/21 RStBl. 1921, 177). Daran, daß die Vergnügungssteuer, auch wenn sie nach dem Wortlaut der Steuerordnung von den Besuchern der Veranstaltung zu entrichten ist, nach ihrer Ausgestaltung als Teil des umsatzsteuerpflichtigen Entgelts anzusehen ist, weil trotz jener Fassung nicht die einzelnen Besucher, sondern der Unternehmer der Veranstaltung der Steuerschuldner der Gemeinde ist, hat der RFH. in mehreren Entscheidungen festgehalten (U. v. 10 Nov. 21 V A 201/21 S. 7, 306, U. v. 24. Jan. 22 V A 46/21 n. v.).

Eine gemeindliche Beherbergungssteuer (Fremdensteuer), die der Vermieter dem Fremden in Rechnung stellt, gehört jedenfalls dann zum umsatzsteuerpflichtigen Entgelt für die Beherbergung, wenn sie ortsgesetzlich der Gemeinde vom Vermieter geschuldet wird (U. v. 7. März 22 V A 181/21 zur Veröffentlichung bestimmt).

c) Das Gleiche gilt für die Umlagen, die nach § 5 der Bek. v. 30. Nov. 19 über den Verkehr mit Zündwaren von dem Hersteller inländischer Zündwaren zur Herbeiführung eines Preisausgleichs zwischen inländischen und ausländischen Streichhölzern erhoben wird. U. v. 29. Nov. 21 V A 35/21 RStBl. 1922, 24.

9 Unzulässig ist demnach auch der Abzug der Umsatzsteuer selbst, die in dem Preise enthalten ist (U. v. 17. Sept. 19 II A 189/19 S. 1, 167). Doch besteht hiervon eine Ausnahme dann, wenn die Steuer zulässigerweise neben der gesetzlich bemessenen Gebühr nach § 12 Abs. 1 S. 1 des

Ges. oder neben dem Preise in den Fällen des § 23 Abs. 1 Nr. 3 und § 25 Abs. 2 dem Abnehmer gesondert in Rechnung gestellt wird (U. v. 4. März 21 II A 372/20 S. 5, 93).

10. Der besonders berechnete **Preis der Umschließung luxussteuerpflichtiger Waren** (Autoreisen) ist in das der erhöhten Umsatzsteuer unterliegende Entgelt einzurechnen (U. v. 31. März 22 V A 236 21 zur Veröffentlichung bestimmt).

IV. Kommissionsgeschäft.

11. Die Anwendung vorstehender Grundsätze auf den Verkaufskommissionär ergibt, daß seiner Besteuerung das gesamte an ihn für den Verkauf vom Käufer entrichtete Entgelt, ohne Abzug seiner Provision, zu Grunde zu legen ist (G. v. 20. Juni 19 II D 7/19 S. 1, 40 B).

Demnach ist eine Verlagsfirma, die die ihr von den Verfassern übertragenen Rechte zur Aufführung von Bühnenwerken den Bühnenleitungen überträgt und dabei in eigenem Namen handelt, wie ein Verkaufskommissionär mit dem vollen erhaltenen Entgelt umsatzsteuerpflichtig (U. v. 27. Mai 21 II A 198/21 S. 6, 35). Für den Anzeigenvermittler (Annoncenexpedition) bestimmt jetzt das Gesetz § 8a eine positive Ausnahme, wodurch sich das G. v. 28. April 20 II D 3/20 S. 2, 233 und das U v. 3. Dez. 20 II A 185/20 S. 4, 91 erledigt haben.

12. Die logische Folge dieser Gestaltung ist, daß der Kommissionär dann, wenn er nicht selbst oder durch einen Besitzvermittler, der kein Beförderungsunternehmer ist, in den Besitz der Ware gelangt und ihn weiterüberträgt, nach § 7 völlig umsatzsteuerfrei ist, also nicht etwa — wie der Agent (U. v. 6. Mai 21 II A 121/21 Ind. Mitt. 1921, 165) — seine Provision unter dem Gesichtspunkt der Vergütung für seine Dienstleistung zu versteuern hat (G. v. 11. Febr. 21 II D 10/20 S. 4, 316, U. v. 1. April 21 II A 277 20 S. 5, 185).

Dementsprechend war schon vorher ausgesprochen worden, daß die dem Zwischenhändler nach § 4 des alten Umsatzsteuergesetzes zustehende Steuerbefreiung sich auf das ganze Umsatzsteuergeschäft bezieht, da die vermittelte Tätigkeit, die der Zwischenhändler zwischen seinem Lieferer und dem Abnehmer ausübt, von dem Begriff der Lieferung mit umfaßt wird und nicht unter die „sonstigen Leistungen" des § 1 Abs. 1 des Gesetzes fällt (U. v. 22. Okt. 19 II A 272/19 S. 1, 230).

V. Tausch (Abs. 8).

13. Kein Tausch ist in der Hingabe von Altgold erblickt worden, wogegen die Hingebenden Goldwaren in einem der hingegebenen Menge Gold nach Feingehalt im Gewicht entsprechendem Umfang erhalten sollten, da nach der Auffassung der Beteiligten das hingegebene Gold und das wieder zurückgegebene Gold abgesehen von der Bearbeitung den gleichen Gegenstand darstellten. Demgemäß hatte Versteuerung des Entgeltes für die Bearbeitung des Goldes wie beim Werkvertrag einzutreten (U. v. 3. Nov. 21 V A 11/21 S. 7, 277).

14. Der **Umtausch** ist kein Tauschgeschäft im Sinne des § 8 Abs. 8 des Umsatzsteuergesetzes 1919. Ein Umtausch liegt vor, wenn der gelieferte Gegenstand an den Lieferer zurückgegeben, dessen Erfüllungshandlung also vertragsmäßig rückgängig gemacht und dafür vom Lieferer in erneuter Erfüllung des ursprünglichen Lieferungsvertrags ein anderer Gegenstand geliefert wird (U. v. 7. März 22 V A 295/21 n. v.).

§ 8a.

Die Anzeigenvermittler (Annoncenexpeditionen) sind befugt, der Berechnung der Umsatzsteuer lediglich die Vermittlungsgebühr zugrunde zu legen, die sie als Entgelt für zugewiesene Anzeigen-Einrückungen erhalten, selbst wenn sie hierbei im eigenen Namen und für eigene Rechnung tätig gewesen sind.

Diese Vorschrift gilt bereits mit Wirkung vom 1. Januar 1921 ab.

1. Vgl. zu § 7 Anm. 10.

§ 9.

Auf Antrag kann die Steuerstelle gestatten, daß die Steuer nicht nach den vereinnahmten Entgelten, sondern nach den Entgelten für die bewirkten Leistungen ohne Rücksicht auf die Vereinnahmung berechnet wird. Der Antrag kann auf einen von mehreren gesonderten Betrieben desselben Steuerpflichtigen beschränkt werden. Dem Antrag ist nur stattzugeben, wenn Bücher nach kaufmännischen Grundsätzen geführt werden.

Ist die Besteuerung nach den Entgelten für die bewirkten Leistungen gestattet, so finden die Vorschriften dieses Gesetzes mit der Maßgabe Anwendung, daß, soweit in ihnen von den vereinnahmten Entgelten gehandelt wird, an deren Stelle die Entgelte für die bewirkten Leistungen treten.

Einen Übergang von einer zur anderen Versteuerungsart kann die Steuerstelle zur Sicherung des Steueraufkommens an Bedingungen knüpfen, über die der Reichsminister der Finanzen nähere Bestimmungen erläßt.

Eine Feststellung der Versteuerungsart auf Grund des Umsatzsteuergesetzes vom 26. Juli 1918 (Reichs-Gesetzbl. S. 779) behält auch für dieses Gesetz ihre Wirkung.

§ 10.

Die Steuerbeträge sind, soweit die Besteuerung nach Zeitabschnitten erfolgt (§ 33), auf volle Mark, in den übrigen Fällen auf volle zehn Pfennig nach unten abzurunden. Kleinere Beträge sind nicht zu erheben.

1. Der RFH. läßt bei Vergütungsansprüchen keine Abrundung oder Aufrundung des zu vergütenden Betrages eintreten. Er erachtet § 203 Abs. 3 der Ausführungsbestimmungen insoweit für unverbindlich (U. v. 7. März 22 V A 183/21 n. v.).

§ 11.

Die Steuer ist in den Fällen des § 1 Nr. 1 und 2 von demjenigen zu entrichten, der die gewerbliche oder berufliche Tätigkeit ausübt. Dabei werden die in mehreren Betrieben desselben Steuerpflichtigen vereinnahmten Entgelte zusammengerechnet.

Im Falle des § 1 Nr. 3 liegt die Entrichtung der Steuer dem Versteigerer ob, und zwar auch dann, wenn der Auftraggeber eine selbständige berufliche oder gewerbliche Tätigkeit ausübt. Er ist berechtigt, sich bei seinem Auftraggeber für die entrichteten Steuerbeträge schadlos zu halten.

I. Steuerschuldner.

1. Offene Handelsgesellschaften können Träger der Umsatzsteuerverpflichtung sein. Ihr Umsatz mit ihren einzelnen Gesellschaftern ist nach dem vollen Entgelt umsatzsteuerpflichtig; § 80 RAbgO. findet nicht Anwendung. Ebenso sind steuerpflichtige Umsätze möglich zwischen zwei offenen Handelsgesellschaften, an denen dieselben Gesellschafter im gleichen Verhältnisse beteiligt sind. Denn wer zwischen sich und den Verkehr eine selbständige Rechtsperson einschiebt, die er mit Vermögen ausstattet, oder wer das Weiterbestehen einer solchen von ihm losgelösten Rechtsperson zuläßt, muß steuerlich die aus dieser Organisation entspringenden nachteiligen Folgen tragen, wie ihm auch deren etwaige steuerliche Vorteile zugute kommen (U. v. 10. Nov. 21 V A 12/21 S. 7, 207).

2. Auch Gesellschaften, die nicht rechtsfähig sind, können Schuldner der Umsatzsteuer sein.

Für ihre Umsatzsteuerschulden haften neben der Gesellschaft die einzelnen Gesellschafter auch persönlich nach § 93 der RAbgO. Die Steuerschuld entsteht durch die wirtschaftliche Betätigung der Gesellschaft. Die einzelnen Gesellschafter müssen die aus dieser Betätigung der Geschäftsführer der Gesellschaft entstehenden steuerlichen Folgen ebenso gegen sich gelten lassen wie die zivilrechtlichen Folgen aus der Betätigung der Gesellschafter auf Grund ihrer Befugnis für Geschäftsführung und Vertretung (U. v. 25. Febr. 21 II A 104/21 S. 5, 48).

3. Nicht rechtsfähige Genossenschaften, z. B. die Milchgenossenschaft, die von den Kuhhaltern einer Gemeinde gebildet wird, können als solche umsatzsteuerpflichtig gemacht werden (U. v. 7. Febr. 22 V A 156/21 n. v.)

4. Der Geschäftsübernehmer haftet nach § 96 RAbgO. auch dann für die Umsatzsteuer, wenn die Firma des übernommenen Geschäfts von ihm nicht fortgeführt wird (U. v. 24. Nov. 21 V A 219/21 n. v.).

II. Versteigerung.

5 Der Auftraggeber des Versteigerers ist nicht Steuerschuldner. Werden Waren im Wege des Selbsthilfeverkaufes versteigert, so kann das Rechtsmittel gegen die von der Versteigerung durch den Versteigerer entrichtete Umsatzsteuer nur vom Versteigerer, nicht auch vom Auftraggeber, eingelegt werden (U. v. 4. Jan. 22 V A 22/21 S. 7, 348).

Zahlt bei einer Lieferung auf Grund einer Versteigerung der Auftraggeber die Umsatzsteuer, so liegt Leistung durch einen Dritten im Sinne von § 267 Abs. 1 BGB. vor. Dem Auftraggeber, der bei einer Lieferung auf Grund einer Versteigerung die Umsatzsteuer gezahlt hat, steht kein Erstattungsanspruch aus ungerechtfertigter Bereicherung gegen den Steuerfiskus zu. Er kann aber von dem Versteigerer auf Grund des bürgerlichrechtlichen Auftragsverhältnisses gegen Vorschuß der Kosten die Einlegung von Rechtsmitteln gegen den Steuerbescheid verlangen. Ein eigener Steuerschutz steht ihm nach den Steuergesetzen nicht zu (U. v. 24. Januar 22 V A 282/21 S. 8, 157).

6 Ist die vom Auftraggeber bezahlte Steuer diesem erstattet worden, so kann sie nicht vom Versteigerer nachträglich eingezogen werden (U. v. 7. März 22 V A 157/21 S. 8 Nr. 91).

§ 12.

Bei Leistungen aus Verträgen, die nach dem Inkrafttreten dieses Gesetzes abgeschlossen sind, ist der Steuerpflichtige nicht berechtigt, die Steuer dem Leistungsberechtigten neben dem Entgelte ganz oder teilweise gesondert in Rechnung zu stellen, es sei denn, daß als Entgelt für eine Leistung gesetzlich bemessene Gebühren angesetzt werden. Der Abnehmer aus einem Lieferungsvertrag ist nicht berechtigt, das ihm von seinem Lieferer in Rechnung gestellte Entgelt um die bei der Weiterveräußerung des Gegenstandes fällige Steuer zu kürzen.

Auf eine Vereinbarung, die den vorstehenden Vorschriften entgegensteht, kann sich der Steuerpflichtige, im Falle des Abs. 1 Satz 2 der Abnehmer, nicht berufen.

1. Höchstpreise stehen der Erhebung der Umsatzsteuer nicht entgegen (U. v. 29. Nov. 21 V A 35/21 n. v.).

§ 13.

Die Steuer beträgt bei jedem steuerpflichtigen Umsatz zwei vom Hundert des Entgelts. Soweit in den folgenden Vorschriften (§§ 15, 21, 25, 26 und 27) höhere Steuersätze vorgesehen sind, finden diese auf Umsätze von Gegenständen in das Ausland keine Anwendung.

§ 14.

(Aufgehoben durch § 57 des Einkommensteuergesetzes).

2. Erhöhte Umsatzsteuer auf die Lieferung bestimmter Luxusgegenstände durch der Hersteller.

§ 15.

Die Steuer erhöht sich auf fünfzehn vom Hundert des Entgelts bei der Lieferung der unter I und II bezeichneten Gegenstände durch denjenigen, der sie innerhalb seiner gewerblichen

Tätigkeit herstellt oder gewinnt (Hersteller). Die erhöhte Steuerpflicht tritt nicht ein, wenn diese Gegenstände ihrer Beschaffenheit nach nicht für die Hauswirtschaft, sondern für den Gebrauch oder Verbrauch innerhalb einer gewerblichen oder beruflichen Tätigkeit bestimmt sind; dies ist dann nicht anzunehmen, wenn die Gegenstände der Befriedigung von Bedürfnissen zu dienen geeignet sind, die sowohl in der Hauswirtschaft wie bei Gelegenheit der Ausübung einer gewerblichen oder beruflichen Tätigkeit bestehen. Die erhöhte Steuerpflicht tritt ferner, unbeschadet der Vorschriften zu I Nr. 9 Ba, II Nr. 21 und 23, nicht ein, wenn die Gegenstände ihrer Beschaffenheit nach zur Errichtung eines Bauwerkes bestimmt sind. Von der erhöhten Steuer befreit sind Arzneimittel, mit Ausnahme der zu II Nr. 16 genannten, Verbandstoffe, Gegenstände der Kranken-, Säuglings- und Wochenpflege und Vorrichtungen, die zum Ausgleich körperlicher Gebrechen dienen.

I. Der erhöhten Steuer unterliegen mit Rücksicht auf den Stoff oder die Art der Bearbeitung:

1. Gegenstände aus oder in Verbindung mit Edelmetallen, soweit es sich nicht um die nach § 21 Abs. 1 Nr. 1 erhöht steuerpflichtigen Gegenstände des Juweliergewerbes oder der Gold- und Silberschmiedekunst handelt. Silberne Taschenuhren mit nur einem silbernen Deckel sind nicht erhöht steuerpflichtig;
2. Gegenstände aus unedlen Stoffen, die mit Platin, Gold oder Silber belegt (plattiert oder doubliert) oder platiniert, vergoldet oder versilbert sind, mit Ausnahme von Christbaumschmuck, Taschenuhren und den zu II Nr. 17 bezeichneten Gegenständen. Als unedler Stoff gilt auch eine Legierung mit nicht mehr als $^{500}/_{1000}$ Silbergehalt;
3. Halbedelsteine, einschließlich der synthetischen, und Gegenstände in Verbindung mit ihnen;
4. Nachahmungen der zu 3 genannten Stoffe sowie Gegenstände aus oder in Verbindung mit diesen Nachahmungen mit Ausnahme der Spielwaren und der zu II Nr. 17 bezeichneten Gegenstände. Glasperlen gelten nicht als Nachahmungen von Perlen;
5. Gegenstände aus oder in Verbindung mit Bernstein, Gagat (Jet), Korallen, Elfenbein, Meerschaum, Perlmutter oder Schildpatt;
6. Gegenstände aus Kupfer, Zinn oder Nickel oder aus Legierungen, die diese Metalle enthalten, sowie Gegenstände, die mit diesen Metallen oder ihren Legierungen belegt (plat-

tiert) sind. Taschenuhren und Spielwaren dieser Art sowie Weckeruhren aus Messing sind nicht erhöht steuerpflichtig;

7. Gegenstände aus nicht schmiedbarem Kunstguß, aus anderem nichtschmiedbarem feinen Guß sowie Kunstschmiedearbeiten;

8. Gegenstände aus Ton (Keramische Gegenstände) mit Ausnahme von Spielwaren:

   a) aus Steinzeug mit Ausnahme von glatten und einfarbigen Geschirren und Platten für Wand- und Fußbodenbekleidung,

   b) aus Steingut mit Ausnahme von Geschirren und Platten für Wand- und Fußbodenbekleidung, es sei denn, daß sie mit Metallmattfarben gemustert (dekoriert) oder mit Lüster oder Metallüberzug versehen sind, sowie mit Ausnahme der ungemusterten Spülwaren,

   c) aus Porzellan mit Ausnahme der Tafel- und Küchengeschirre, es sei denn, daß sie in künstlerischer Ausgestaltung oder mit Metallmattfarben gemustert (dekoriert) oder mit Lüster- oder Metallüberzug versehen sind;

9. Gegenstände aus Glas:

   A. Hohlgläser, geschliffen, graviert, geätzt, gemustert, mattiert, bemalt, vergoldet, versilbert oder durch Auftragen oder Einbrennen von Farben gemustert.

   B. Gegenstände aus Spiegel- oder Tafelglas:

      a) Verglasungen von Fenstern und Türen mit Spiegelglas bei einem Flächeninhalte von mehr als 0,75 Quadratmeter,

      b) Spiegelglas belegt oder unbelegt, gefeldert (fazettiert) oder ungefeldert (unfazettiert), bei einem Flächeninhalte von mehr als 0,75 Quadratmeter; Spiegel aus bemaltem, vergoldetem, versilbertem oder durch Auftragen oder Einbrennen von Farben oder sonst gemustertem Spiegelglas,

      c) Auflegeplatten für Möbel- und Zimmerausstattungen.

   C. Gegenstände aus oder in Verbindung mit optischen Gläsern;

10. Gegenstände, die ganz oder teilweise aus Schmelzglas bestehen, soweit das Schmelzglas vergoldet, versilbert, bronziert oder durch Auftragen oder Aufbrennen von Farben gemustert ist;

11. Gegenstände der Inneneinrichtung aus Horn;

12. Gegenstände aus oder in Verbindung mit Leder:

a) aus Ganzleder hergestellte Bucheinbände, Sammel- oder Diplommappen mit Ausnahme von Andachtsbüchern. Die erhöhte Steuerpflicht erstreckt sich bei gleichzeitiger Lieferung auch auf das Buch und den Inhalt der Mappe,

b) Schuhe, deren Oberteile aus Seide, Brokat oder Samt hergestellt oder deren Schäfte ganz oder teilweise aus ganzen Lackbesätzen oder aus Sämischleder bestehen.

c) Handschuhe, mit Ausnahme solcher, die mit anderem Stoffe als Pelz gefüttert sind,

d) Gegenstände der Inneneinrichtung mit Bezügen aus Leder,

e) alle übrigen aus Leder hergestellten Gegenstände, mit Ausnahme von Akten-, Geld- und Geldschein-, Pfeifen-, Schul-, Zigarren- und Zigarettentaschen aus glattem Rind-, Roß-, Schaf- oder nicht lackiertem Kalbleder, sowie mit Ausnahme von den unter II Nr. 8 und 9 genannten Gegenständen, von Puppen- und Puppenbälgen, von Thermosflaschen und Uhrenarmbändern;

13. Gegenstände aus Holz mit Ausnahme der Spielsachen und der zu II Nr. 17 bezeichneten Gegenstände:

a) aus oder in Verbindung mit poliertem Ahorn-, mit Amaranth-, mit poliertem Apfelbaum-, poliertem Birnbaum-, mit poliertem Buxbaum-, mit Eben-, mit poliertem Eschen-, mit Gelb-, Grenadille-, poliertem Hikory-, poliertem Kirschbaum-, mit Königs-, Korallen-, Mahagoni-, Mora-, Platanen-, poliertem Pflaumenbaum-, Pock- (Guajak-, Franzosen-), Polisander- (Palisander-, Polyxander-, Jacaranda-, Violett-), Redwood-, Rosen-, Tiek- (Teak-), Thuja-, Satin-, Schlangen-, Tee-, Zebra-, Zedern-, Zitronenholz sowie mit sonstigen Edelhölzern, welche der Regel nach bei der Verarbeitung poliert, lackiert oder mattiert (gewachst) werden; ferner aus massivem Nußbaumholz und alle massiv eichenen Kastenmöbel,

b) ohne Rücksicht auf die Holzart bei Bildhauer- und Bildschnitzerarbeit, bei feiner Schnitzarbeit, bei feiner Drechslerarbeit, bei Nachahmungen feiner Schnitzarbeiten, die durch Pressen, Brennen, Ätzen oder Stanzen oder durch Behandlung mit dem Sandgebläse hergestellt sind, bei eingelegter Arbeit, bei Bronzierung oder feiner Bemalung,

c) mit echtem Japanlack lackiert:

14. Gegenstände aus Korbgeflecht:
a) Gegenstände aus oder in Verbindung mit Peddigrohr,
b) aus anderem Rohr, wenn es sich um feine Flechtarbeiten, insbesondere vergoldete, versilberte, polierte, bronzierte oder fein bemalte handelt, oder bei Verbindung mit Glas oder Erzeugnissen des Töpfergewerbes,
c) ohne Rücksicht auf die Rohrart; Flaschenservierkörbe, Hundehütten, Nähkörbe und Nähständer, Schirmkörbe für Wagen, Strandkörbe, Teewagen, Vogelbauer, Vorrichtungen zur Aufnahme von Blumen und Zeitungshalter:
15. Gegenstände der Inneneinrichtung in Verbindung mit Brokat, Samt einschließlich Velvet und Velours, jedoch mit Ausnahme von Manchester- und Genu-Cord und einfachen Moquettestoffen; mit Plüsch, Seide, Gobelinstoff, handgefertigten Stoffen, Metallgespinsten, Gespinsten, die mit der Hand verziert sind, oder zugerichteten Schmuckfedern; in Verbindung mit Spitzen, Spitzenstoffen oder Stickereien in einer Breite von mehr als zwei Zentimetern. Diese Vorschrift findet auf die zu II Nr. 9, 22, 25 bis 31 genannten Gegenstände keine Anwendung.

II. Der erhöhten Steuer unterliegen ferner mit Rücksicht auf den Verwendungszweck die folgenden Gegenstände, soweit sie nicht bereits unter I fallen:
1. Schmucksachen aller Art, soweit sie nicht nach § 21 Abs. 1 Nr. 1 erhöht steuerpflichtig sind;
2. Bildwerke sowie Zier- und Schmuckgegenstände der Inneneinrichtung, einschließlich von Plastiken und Bildern, abgesehen von Photographien, die lediglich Personen darstellen. Zu den Zier- und Schmuckgegenständen gehören auch Gegenstände, die an sich einem praktischen Gebrauche zu dienen geeignet sind, bei denen aber die Gebrauchsmöglichkeit hinter dem Zwecke äußerer Wirkung offensichtlich zurücktritt.

   Der erhöhten Steuer unterliegen nicht Ansichtspostkarten, Bilder, soweit sie der Unterhaltung und Fortbildung der Jugend dienen, ferner Grabdenkmäler in schlichter Ausführung sowie Originalwerke der Plastik, Malerei und Graphik (§ 21 Abs. 1 Nr. 2). Zu den Originalwerken der Graphik gehören auch Radierungen, Holzschnitte, Kupferstiche und Künstlersteinzeichnungen;
3. Erzeugnisse des Buchdrucks auf besonderem Papier mit beschränkter Auflage sowie sonstige Papierwaren, die aus hand-

geschöpftem oder Bütten-, China-, Japan- oder Reispapier hergestellt sind;

4. photographische Handapparate sowie deren Bestandteile und Zubehör;
5. Handwaffen, deren Bestandteile und Zubehör sowie die für Handfeuerwaffen bestimmte Munition;
6. Flügel, Klaviere, Harmonien, Streich- und Zupfinstrumente sowie Vorrichtungen zur mechanischen Wiedergabe musikalischer Stücke oder deklamatorischer Vorträge (Klavierspielapparate, Sprechapparate, Phonographen, Orchestrions usw.) sowie deren Bestandteile und Zubehör; diese Gegenstände auch dann, wenn sie nicht zum Gebrauch in der Hauswirtschaft bestimmt sind;
7. Billarde und deren Zubehör, auch dann, wenn sie nicht zum Gebrauch in der Hauswirtschaft bestimmt sind;
8. Land-, Wasser- oder Luftfahrzeuge zur Personenbeförderung, wenn sie mit motorischer Kraft betrieben werden oder wenn sie nach ihrer Beschaffenheit für Vergnügungs- oder Sportzwecke bestimmt sind, sowie deren Bestandteile und Zubehör;
9. Kinder-, Sport-, Klapp- und Promenadenwagen, wenn sie vergoldete, versilberte, vermessingte oder vernickelte Eisenteile enthalten oder mit weißer oder elfenbeinfarbiger Lackierung versehen sind;
10. zugerichtete Felle zur Herstellung von Pelzwerk, mit Ausnahme gewöhnlicher Hasen-, Kanin-, Katzen-, Hunde- und Schaffelle, sowie Bekleidungs- und Inneneinrichtungsgegenstände aus oder in Verbindung mit Pelzwerk, mit Ausnahme gewöhnlicher Hasen-, Kanin-, Katzen-, Hunde- und Schafpelze;
11. Fächer;
12. Federboas;
13. Gura- und Samtvogelbälge und Teile hiervon; echte Paradies-, Kronen- und Stangenreiher, echte Straußen- und Marabufedern;
14. aus oder in Verbindung mit Kautschuk hergestellte Badehauben, Badewannen, Fußabstreicher, Reiseeinrichtungen, Schwammbeutel, Tabakbeutel, Mäntel, Umhänge;
15. Riech- oder Schönheitsmittel;
16. Geheimmittel;
17. Spazierstöcke, Schirme, Reitgerten und Peitschen aus oder in Verbindung mit Edelhölzern, insbesondere Macassa

(Ebenholz), Kokobolo-, Jacaranda-, Celebes-, Schlangen-, Partridge-, Vera-, Violett-, Boulettrie-, Pock- (Guajak-, Franzosen-), Palmira-, Greenhard-, Madagaskar-, Satin-, Palmenholz, mit wertvollen Hörnern, insbesondere Antilopen-, Brasil-, kanadisches Hirsch-, Nas-, Nilpferdhorn, oder wertvollen Rohren, insbesondere Jambis-, Nilgris-, Malatcka-, Palmen-, Patridge-, Dragon-, Jokohamarohr, jedoch mit Ausnahme von Bambus-, Manilla-, Pfeffer- und Tonkingrohr;

18. Puppen, Puppenbälge oder Tiere aus Stoff aller Art, wenn sie größer oder länger als fünfundsechzig Zentimeter sind;

19. Stand-, Tisch- und Wanduhren, aus oder in Verbindung mit Stein- oder Kunststein oder mit Erzeugnissen des Töpfergewerbes, ferner auch bei bloßer Verbindung mit den zu I Nr. 2 und Nr. 8 genannten Stoffen;

20. Beleuchtungsgegenstände sowie deren Bestandteile und Zubehör:

a) bei mehr als vier Leuchtstellen,

b) auch bei bloßer Verbindung mit den zu I Nr. 2 genannten Stoffen oder Bleiverglasung, ferner mit Seidenschirmen sowie aus oder in Verbindung mit Stein oder Kunststein oder mit Erzeugnissen des Töpfergewerbes oder in Verbindung mit Fransen aus Gespinsten aller Art oder glatten einfarbigen Perlfransen von mehr als je fünfzehn Zentimetern Länge; oder in Verbindung mit geraden Hohlglasstengeln, glatt oder gerieft, ohne Schliff, von mehr als fünfundzwanzig Zentimetern Länge; oder in Verbindung mit sonstigen Glas- und Glasperlenbehängen;

21. Parkettäfelböden;

22. Teppiche, abgepaßt oder vom Stück, sofern die Decke aus Brokat, Samt, einschließlich von Velvet und Velours, Plüsch, Seide oder Wolle besteht. Der sogenannte Axminsterteppich und der sogenannte Tapestryteppich sind nicht erhöht steuerpflichtig;

23. Wandbekleidungen:

a) aus Porzellan,

b) aus Papier, das vergoldet, versilbert, bronziert oder gepreßt ist oder Brokat, Gobelin, Seide, Samt oder Leder nachahmt, sowie Künstlertapeten,

c) aus anderen Stoffen mit Ausnahme von Ton-, Steinzeug- oder Steingutfließen (I Nr. 8) und nicht getäfeltem Weichholz;

24. Koffer und Reisetaschen aus Rohrplatten, aus gepreßten Pflanzenfasern, soweit sie eine Länge von mehr als fünfundsechzig Zentimetern haben; Schrankkoffer;

25. Wäsche:

a) Leibwäsche aus Seide, Halbseide oder Leinenbatist; aus anderen Stoffen in Verbindung mit Handspitzen, Handstickereien oder anderen handgefertigten Verzierungen bei einer Breite von mehr als vier Zentimetern oder in Verbindung mit Spitzen, Stickereien oder Verzierungen aller Art, wenn sie mehr als ein Fünftel der Gesamtfläche des Bekleidungsgegenstandes ausmachen; außerdem Schlafanzüge,

b) Korsetts aus Brokat, Samt, einschließlich von Velvet und Velours, Seide, Leinendamast, Stoffen mit damastähnlichen Gebilden; aus anderen Stoffen in Verbindung mit Handspitzen, Handstickereien oder anderen handgefertigten Verzierungen bei einer Breite von mehr als vier Zentimetern oder in Verbindung mit Spitzen, Stickereien oder Verzierungen aller Art, wenn sie mehr als ein Fünftel der Gesamtfläche ausmachen,

c) Bettwäsche aus Seide, Halbseide, Leinenbatist, Leinendamast oder Stoffen mit damastähnlichen Gebilden; aus anderen Stoffen in Verbindung mit Handspitzen, Handstickereien oder anderen handgefertigten Verzierungen bei einer Breite von mehr als vier Zentimetern oder in Verbindung mit Spitzen, Stickereien oder Verzierungen aller Art, wenn sie mehr als ein Fünftel der Fläche ausmachen,

d) Tischwäsche oder sonstige Haushaltungswäsche aus Seide, Halbseide, Leinenbatist, Leinendamast oder Stoffen mit damastähnlichen Gebilden; aus anderen Stoffen in Verbindung mit Handspitzen, Handstickereien oder anderen handgefertigten Verzierungen in einer Breite von mehr als vier Zentimetern oder in Verbindung mit Spitzen, Stickereien oder Verzierungen aller Art, wenn sie mehr als ein Fünftel der Fläche ausmachen.

Die erhöhte Steuerpflicht tritt nicht ein, wenn lediglich Buchstaben, Nummern oder Monogramme mit der Hand gestickt sind;

26. Oberbekleidung aus Brokat, Seidensamt, aus Seiden- oder Wollplüsch, aus feiner Seide (insbesondere Chiffon, Crèpe de chine, Crèpe Georgette, Schappevoile, Voileninon, Marquisette, Tüll), Leinenbatist oder Leinendamast; aus anderen Stoffen in Verbindung mit Metallgespinsten aller Art oder in Verbindung mit Handspitzen, Handstickereien oder sonstigen handgefertigten Verzierungen in einer Breite von mehr als vier Zentimetern oder in Verbindung mit Spitzen, Stickereien oder Verzierungen aller Art, die mehr als ein Fünftel der Gesamtfläche des Bekleidungsgegenstandes ausmachen; außerdem mit Seide gefütterte Oberbekleidung für Herren, wenn sich das Seidenfutter nicht nur auf das Ärmelfutter beschränkt;

27. sonstige Bekleidungsstücke:

a) Netz und Wirkwaren aus Seide, aus anderen Stoffen in Verbindung mit Metallgespinsten oder in Verbindung mit Handspitzen, Handstickereien oder anderen handgefertigten Verzierungen in einer Breite von mehr als vier Zentimetern, oder in Verbindung mit Spitzen, Stickereien oder Verzierungen aller Art, sofern sie mehr als ein Fünftel der Fläche ausmachen.

b) Schleier, Gamaschen, Kopf- und Umschlagetücher, Schale, Schirme und Schürzen aus Brokat, Seidensamt, Seiden- und Wollplüsch, Seide oder handgefertigten Stoffen; aus anderen Stoffen in Verbindung mit Handspitzen, Handstickereien oder anderen handgefertigten Verzierungen in einer Breite von mehr als vier Zentimetern; oder in Verbindung mit Spitzen, Stickereien oder sonstigen Verzierungen, sofern sie mehr als ein Fünftel der Gesamtfläche ausmachen; oder in Verbindung mit Metallgespinsten;

28. Bettdecken, Gardinen, Vorhänge aus Brokat, Samt, einschließlich Velvet und Velours, Plüsch, Seide oder handgefertigten Stoffen; aus anderen Stoffen gewebt, wenn sie auf je zweieinhalb Zentimeter im Geviert mehr als zwölf Kettenfäden aufweisen; Madraserzeugnisse; sonstige Erzeugnisse, die mit Lockerstich versehen sind, oder die mit der Maschine hergestellte Einzelzierstücke (Effekte, Motive) mit einem Durchmesser von mehr als dreißig Zentimetern enthalten, oder die in Verbindung mit Handspitzen, Handstickereien oder anderen handgefertigten Verzierungen in einer Breite von mehr als vier Zentimetern oder in Verbindung

mit Metallgespinsten stehen, oder die mit verschiedenartig geformten Glasperlen oder Glasbehängen versehen sind;

29. andere Decken und Kissen aus Brokat, Samt, einschließlich Velvet und Velours, Plüsch, Seide, Halbseide, Leinenbatist, Leinendamast oder Stoffen mit damastähnlichen Gebilden; aus anderen Stoffen in Verbindung mit Metallgespinsten, Tressen, Spitzen, Stickereien aller Art oder einer sonstigen Verzierung, die mit der Hand hergestellt sind. Nicht erhöht steuerpflichtig sind Reisedecken aus Plüsch, sowie Reise- und Steppdecken, die mit Wolle, Watte, Kapok oder Seegras gefüllt sind;

30. Gegenstände, die der Ausschmückung von Bekleidungsstücken oder Gegenständen der Inneneinrichtung zu dienen geeignet sind:
   a) abgepaßte Bänder aller Art,
   b) abgepaßte Handstickereien, Handspitzen oder sonstige handgefertigte Stücke bei einer Länge oder einem Durchmesser von mehr als dreißig Zentimetern; Handstickereien, handgefertigte Spitzen und Spitzenstoffe als Meterware in einer Breite von mehr als vier Zentimetern,
   c) Tressenwaren (Flechtwaren) aller Art aus Seide bei einem Durchmesser oder einer Breite von mehr als vier Zentimetern sowie in Verbindung mit Metallfäden,
   d) angefangene oder vorgezeichnete Handarbeiten in Verbindung mit Brokat, Samt, einschließlich Velvet oder Velours, Plüsch, Seide, Metallfäden oder Glasperlen;

31. Hüte, Hutformen und Mützen aus Brokat, Seide, Seidensamt, geklebten Federn; aus anderen Stoffen in Verbindung mit Sprungfedern, Handspitzen, Handstickereien oder anderen handgefertigten Stoffen, mit Gura- oder Samtvögeln oder Teilen davon, echten Paradies-, Kronen- oder Stangenreihern, echten Straußen- und Marabufedern; ferner Panama-, Manilla-, Bangkok- oder Florentinerhüte sowie mit der Hand genähte Hüte aus Strohgeflecht, das weniger als sechs Millimeter breit ist;

32. Pralinen, Fondants und mit Marzipan, Früchten, Saft oder Likören aller Art gefüllte Dessertbonbons.

1. Bestimmung zu einem Bauwerk vgl. Anm. 5.

Zu I Nr. 2.

2. Zu § 8 Abs. 1 Nr. 1 des Gesetzes v. 1918 hat der RFH. ausgesprochen, daß als versilbert oder vergoldet jeder Gegenstand zu gelten hat, der unter irgendwelcher Mitverwendung von Silber oder Gold hergestellt ist, ohne daß es auf den Bestimmungszweck des Gegenstandes oder auf den Wert oder die Art der Verwendung des Edelmetalls ankommt. Es handelte sich damals um einen Porzellanteller mit der in Silberfarbe angebrachten Aufschrift: „Zur silbernen Hochzeit" (U. v. 15 Okt. 19 II A 152/19 S. 1, 236).

Die in demselben Urteil behandelte Frage, einen wie großen Teil der Fläche die Versilberung oder Vergoldung bedecken müsse, kommt jetzt im Hinblick auf § 34 A I der AusfBest. nicht mehr in Betracht.

Zu I Nr. 13a.

3. Unter diese Tarifnummer fallen nur Gegenstände aus Holz, sei es, daß sie ganz aus den dort bezeichneten Edelhölzern hergestellt sind oder sei es, daß sie Gegenstände aus anderem Holz in Verbindung mit den genannten Edelhölzern sind (U. v. 14. Okt. 21 II A 241/21 S. 7, 121).

Zu II Nr. 2.

4. Bildwerke sind nach dieser Tarifnummer nur luxussteuerpflichtig, wenn sie als Zier und Schmuckgegenstand der Inneneinrichtung dienen sollen. Ein im Buchhandel vertriebenes Werk, das aus einer Anzahl Blättern besteht, auf denen Gegenstände zur Volkskunde mit entsprechenden Zeichnungen abgebildet sind, ist demnach nicht als Bildwerk in diesem Sinne angesehen worden (U. v. 13 Sept. 21 V A 241/21 RStBl. 1922, 89).

5. Für die Luxussteuerpflichtigkeit eines Grabdenkmals ist nicht mehr, wie nach dem Ges. v. 1918 (vgl. U. v 3 März 20 II A 9/20 S. 2, 198), entscheidend, daß es ein Werk der Plastik ist. Ein Grabdenkmal kann auch ein Bauwerk sein. Als fertiges Gebilde kann es aber nicht zu den Gegenständen rechnen, die ihrer Beschaffenheit nach für die Errichtung eines Bauwerkes bestimmt sind (Abs. 1 Satz 3). Unter Grabeinfassung ist nicht lediglich die Einfassung des Einzelgrabs (Grabhügels), sondern die Einfassung einer — ein Grab oder mehrere Gräber umfassenden — Grabstätte zu verstehen (U. v. 28. Febr. 22 V A 82/21 S 8 Nr. 85).

Zu II Nr. 4.

6. Das zu § 8 Abs. 1 Nr. 5 des alten Gesetzes ergangene U. v. 2. Okt. 19 II A 226/19 S. 1, 195 über photographische Platten als Zubehörstücken von photographischen Handapparaten ist durch § 50 II Nr. 2 der AusfBest. überholt, da darin für die Luxussteuerpflicht photographischer Platten eine bestimmte Größe (150 qcm Fläche) als maßgebend bestimmt worden ist.

Zu II Nr. 6.

7. Mit Klaviatur versehene Saiteninstrumente, die nicht durch Hämmer, sondern durch Federkiele zum Tönen gebracht werden (Clavicin, Clavicymbel), sind nicht als Klaviere anzusehen (U. v. 9. Juli 19 II A 113/19 S. 1, 113, ergangen zu § 8 Nr. 4 des Gesetzes v. 1918, aber jetzt noch von Bedeutung).

8. Hausorgeln unterfallen nicht der erhöhten Umsatzsteuer. Sie unterscheiden sich von den in Nr. 6 aufgeführten Harmonien dadurch, daß bei ihnen Metallzungen zum Tönen gebracht werden, während bei den Orgeln der Klang durch Pfeifen erzeugt wird. Aus § 54 III 1 der AusfBest., wo Orgelpfeifen für Kirchenorgeln und Konzertorgeln als umsatzsteuerfrei bezeichnet werden, kann nichts Gegenteiliges hergeleitet werden, es sei denn, daß man die Hausorgeln dem § 15 Abs. 1 Nr. 13 (Gegenstände aus Holz) unterstellen könnte (U. v. 4. Okt. 21 V A 25/21 n. v.).

Zu II Nr. 8.

9. Unter der Geltung von § 8 Nr. 9 des alten Gesetzes in Verbindung mit 15 Abs. 3 der früheren AusfBest. sind Kutschwagen mit Verdeck als luxussteuerpflichtig angesehen worden (U. v. 5. Juli 21 II A 288/21 n. v.); ebenso wird jetzt nach § 54 II 2 der AusfBest. v. 1919 zu entscheiden sein.

10. Bestandteile eines luxussteuerpflichtigen Personenfahrzeugs sind für sich steuerpflichtig nur, wenn sie eben als Bestandteile Gegenstand der Lieferung sind, nicht aber wenn Halbfabrikate, in die sie verarbeitet sind, geliefert werden. Demgemäß tritt die Luxussteuerpflicht nicht schon ein, wenn ein Jagdwagen im Rohbau geliefert wird, sondern erst wenn der im Rohbau bezogene Jagdwagen durch Ausschlagen und Tapezieren zum unmittelbaren Gebrauch fertiggestellt und so weitergeliefert wird (U. v. 15. Juli 21 II A 145/21 S 6, 73).

11. Wasserfahrzeuge mit Dampfbetrieb (Dampfer) sind nicht Personenfahrzeuge mit motorischem Antrieb; U. v. 21. April 22 V A 221/21 (zur Veröff. best.).

Zu II Nr. 10.

12. Unter der Geltung von § 8 Nr. 11 des Gesetzes von 1918 ist ein unter Verwendung gewöhnlichen Schafpelzes aus besserem Stoff hergestellter Pelzmantel nicht für luxussteuerpflichtig erachtet worden (U. v. 3. Dez. 19 II A 337/19 S. 2, 42.

Zu II Nr. 16.

13. Das nach § 62 IV der AusfBest. von 1919 veröffentlichte Verzeichnis der Geheimmittel wirkt konstitutiv. Es sind also nur darin aufgenommene Heilmittel luxussteuerpflichtig (U. v. 22. Dez. 21 V A 248/21 S. 8, 1).

Zu II Nr. 22.

14. In einem nicht veröffentlichten U. v. 9. Dez. 20 II A 172/20 hat den RFH. die Frage beschäftigt, wann Linoleum als Fußbodenbelag anzusehen sei. Diese Frage ist jetzt gegenstandslos geworden, da nach § 68 III 4 AusfBest. Linoleum schlechthin luxussteuerfrei ist.

§ 16.

Der Reichsrat ist ermächtigt, nähere Bestimmungen über die Abgrenzung der luxussteuerpflichtigen Gegenstände zu erlassen. Er ist befugt, im § 15 bezeichnete Gegenstände von der erhöhten Umsatzsteuer zu befreien und andere für erhöht steuerpflichtig zu erklären. Er ist auch befugt, bei bestimmten Gruppen von Gegenständen an Stelle der Fertigerzeugnisse die zu ihrer Herstellung erforderlichen Halberzeugnisse für erhöht steuerpflichtig zu erklären sowie zu bestimmen, daß die Steuer auch dann erhoben wird, wenn die Halberzeugnisse nicht veräußert, sondern an einen anderen Betriebszweig desselben Unternehmers zur weiteren Bearbeitung oder Verarbeitung abgegeben werden.

Vor Erlaß der Bestimmungen sollen sie einem vom Reichswirtschaftsrat eingesetzten sachverständigen Ausschuß zur Begutachtung vorgelegt werden. Die Bestimmungen treten außer Kraft, soweit der Reichstag es verlangt.

1. Nähere Abgrenzungsbestimmungen, die der Reichsrat auf Grund von § 16 erläßt, müssen erkennen lassen, daß sie auf Grund eben dieser Ermächtigung ergangen sind, wenn auch ausdrückliche Bezugnahme auf § 16 nicht unbedingt erforderlich ist (U. v. 14. Okt. 21 II A 241/21 S. 7, 121).

2. Der RFH. ist davon ausgegangen, daß der Reichsrat befugt ist, die ihm durch § 16 des Gesetzes v. 1919 gewährte Delegation bei den Geheimmitteln so zu gebrauchen, daß er das nach den besonderen Vorschriften des § 62 IV der Ausführungsbestimmungen vom Reichsminister der Finanzen aufgestellte Verzeichnis für die bindende Umgrenzung des Begriffs Geheimmittel erklärte (U. v. 22. Dez. 21 V A 248/21 S. 8, 1).

§ 17.

Die erhöhte Steuerpflicht des § 15 umfaßt auch

1. die Entnahme aus dem eigenen Betriebe (§ 1 Nr. 2);
2. die Lieferung auf Grund einer Versteigerung (§ 1 Nr. 3), wenn der Versteigerer vom Hersteller beauftragt ist;
3. das Verbringen von Gegenständen der in § 15 bezeichneten Art in das Inland. § 8 Abs. 3 findet entsprechende Anwendung. Steuerpflichtig ist der erste inländische Erwerber oder, wenn der Gegenstand nicht aus dem Ausland an einen inländischen Erwerber geliefert wird, derjenige, der den Gegenstand im Inland in Gewahrsam nimmt.

Zu Nr. 3.

1. Zur Anwendung der Vorschrift genügt *tatsächliches Vorbringen*; Lieferung auf Grund eines Rechtsgeschäfts wird nicht vorausgesetzt. Wenn eine Firma, die im Ausland und im Inlande Niederlassungen besitzt, von ihrer auswärtigen Niederlassung nach ihrer inländischen ein Kraftfahrzeug verbringt, so ist sie diejenige Person, die den Gegenstand im Inland nach § 17 Nr 3 in Gewahrsam nimmt (U. v. 28. März 22 V A 146 21 zur Veröffentlichung bestimmt.)

§ 18.

Als Hersteller im Sinne des § 15 gilt derjenige Unternehmer, der Rohstoffe oder Halberzeugnisse zu Gegenständen umgestaltet, die ihrer Beschaffenheit nach, ohne einer weiteren Bearbeitung oder Verarbeitung zu bedürfen, zum unmittelbaren Gebrauch oder Verbrauch fertiggestellt sind. Eine Behandlung der Gegenstände durch Putzen, Umpackung und ähnliche äußere Einwirkung, die nur der Hebung der Verkäuflichkeit dient, gilt nicht als weitere Bearbeitung oder Verarbeitung.

Stellt ein Unternehmer auf Grund eines Bearbeitungs- oder Verarbeitungsvertrags einen Gegenstand für einen Besteller her, der Gegenstände dieser Art innerhalb seiner gewerblichen Tätigkeit weiterveräußert, so gilt als Hersteller der Besteller.

Der Reichsrat kann für bestimmte Bearbeitungs- und Verarbeitungsverfahren und bestimmte Arten von Gegenständen über die Anwendung der vorstehenden Vorschriften nähere Bestimmungen erlassen.

1. Werkvertrag. Ein Unternehmer, der mit dem ihm vom Besteller gelieferten Stoff ein Werk leistet, z. B. ein Tischler, der aus ihm vom Besteller zur Verfügung gestellten Holz ein Möbelstück herstellt, ist zwar Hersteller, aber nicht nach § 15 luxussteuerpflichtig, weil kein Werklieferungsvertrag, sondern eine gewöhnliche Werklieferung vorliegt. Seine Leistung unterliegt nur der allgemeinen Umsatzsteuer (U. v. 24. Mai 21 II A 201/21 S. 6, 29).

2. Wegen der Hingabe von Gold zur Bearbeitung vgl. zu § 1 Anm. 1 d.

3. Nach § 15 D II der Ausführungsbestimmungen sind Halberzeugnisse für unechte Waren beim Hersteller luxussteuerpflichtig, soweit sie lediglich aus unedlen Stoffen bestehen, bei galvanischer Platinierung, Vergoldung oder Versilberung. Als Fabrikant derartiger steuerpflichtiger Halberzeugnisse ist erst der anzusehen, der die Handlung, an die die Luxussteuer anknüpft, also die Platinierung, Vergoldung oder Versilberung, vornimmt (U. v. 18. Jan. 21 V A 303/20 n. v.).

§ 19.

Wird ein Gegenstand von einem Unternehmer, der ihn nach seiner Herstellung oder seiner Einfuhr aus dem Ausland erworben hat, weiterbearbeitet oder verarbeitet (§ 18 Abs. 1), so ist die Lieferung des infolge der Bearbeitung oder Verarbeitung entstandenen Gegenstandes, wenn auch dieser seinerseits zu den im § 15 bezeichneten gehört, ebenfalls erhöht steuerpflichtig. Die Steuerstelle vergütet aber dem Bearbeiter oder Verarbeiter den Teil des von ihm bei der Beschaffung des bearbeiteten oder verarbeiteten Gegenstandes entrichteten Entgelts, der dem Unterschiede zwischen der nach den Steuersätzen des § 13 und des § 15 berechneten Steuer für die Lieferung an ihn entspricht; dies gilt auch, wenn der Hersteller die infolge der Bearbeitung oder Verarbeitung entstandenen Gegenstände in das Ausland ausführt. Der Antrag ist für den Steuerabschnitt (§ 33) gleichzeitig mit der Steuererklärung (§ 35) zu stellen. § 18 Abs. 3 findet entsprechende Anwendung.

1. Der Erwerber eines im Rohbau gelieferten Jagdwagens hat, auch wenn er diesen nach völliger Fertigstellung (Tapezieren und Lackieren) zum unmittelbaren Gebrauch weiterveräußert, keinen Vergütungsanspruch wegen der Luxussteuer hinsichtlich der in dem Rohwagen enthaltenen, an sich luxussteuerpflichtigem Bestandteile (Räder usw.), da die Lieferung des von ihm im Rohbau erworbenen Wagens nicht umsatzsteuerpflichtig war (vgl. zu § 15 Anm. 10). Daß vielleicht die Lieferung einiger Bestandteile des Wagens an seinen Vormann der erhöhten Umsatzsteuerpflicht unterlag, steht dem nicht entgegen. Soweit hier eine Lücke vorliegt, hat sie nicht die Rechtsprechung, sondern der Reichsrat nach § 18 Abs. 4 des Gesetzes auszufüllen (U. v. 10. Juni 21 II A 145/21 S. 6, 73).

2. Durch Verschraubung eines Motorrades an einen Beiwagen (sog. Abmontierung) wird die Eigenschaft der beiden Bestandteile des Rades und des Beiwagens nicht geändert und kein neuer Gegenstand hergestellt. Beide Teile können wie vordem beliebig verwendet werden; von Lieferung eines „infolge der Verarbeitung entstandenen Gegenstandes" ist nicht die Rede (U. v. 5. Juli 21 II A 285/21 S. 6, 242).

§ 19a.

Weist ein Unternehmer nach, daß er im § 15 bezeichnete Gegenstände erworben und ohne weitere Bearbeitung oder Verarbeitung ins Ausland geliefert hat, so vergütet ihm die Steuerstelle einen Betrag zum Ausgleich der auf den Gegenständen nach § 15 oder nach § 17 Nr. 3 lastenden erhöhten Steuer.

Die näheren Vorschriften über die Berechnung des Betrags und über das Vergütungsverfahren erläßt der Reichsminister der Finanzen mit Zustimmung des Reichsrats.

1. Diese neue Vorschrift ersetzt den bisherigen § 4 für die Hersteller luxussteuerpflichtiger Gegenstände.

2. § 4 hatte nach dem U. v. 11. Jan. 22 V A 54/21 (n. v.) den Fall im Auge, daß das Lieferungsgeschäft zwischen dem Ausfuhrhändler und seinem Lieferer umsatzsteuerpflichtig war. § 19a läßt diese Deutung nicht zu.

3. Zu § 4 des Ges. v. 1919 hat der RFH. ausgesprochen, daß der Vergütungsanspruch nur dem zusteht, der auf Grund eines entgeltlichen Veräußerungsgeschäfts ins Ausland liefert, nicht aber, wer einen Gegenstand ohne solches Geschäft ins Ausland verbringt, wie bei der Überlassung eines Gegenstandes an die ausländische Filiale (U. v. 22. März 22 V A 162/21 n. v.). Das wird auch zu § 19a gelten.

§ 20.

Dem Erwerber von Gegenständen der im § 15 bezeichneten Art vergütet die Steuerstelle auf Antrag nach näherer Bestimmung des Reichsrats zehn vom Hundert des von ihm beim Erwerb entrichteten Entgelts, wenn er nachweist, daß er

1. die Gegenstände im öffentlichen Interesse, insbesondere auch für kirchliche oder wissenschaftliche Zwecke, erworben hat, oder,
2. soweit es sich um Flügel, Klaviere, Harmonien, Streich- und Zupfinstrumente handelt, diese für Lehr- oder berufliche Zwecke erworben hat, oder,

3. soweit es sich um Orchestrions oder um selbsttätige Klavierspielapparate und deren Bestandteile und Zubehör handelt, diese zu gewerlichen Zwecken erworben hat.

4. soweit es sich um Fahrzeuge zur Personenbeförderung handelt, diese ausschließlich zur Ausübung des Fuhrhaltergewerbes erworben sind.

1. Die Eingangsworte des § 20 geben dem Reichsrat Befugnis materiellrechtliche Anordnungen über den Umfang des Vergütungsanspruchs zu treffen. Die Vorschrift wäre neben § 45 des Gesetzes überflüssig, wenn man aus ihr nur die Befugnis des Reichsrats herleiten wollte, Verfahrensvorschriften zu erlassen. Die materiellrechtlichen Ergänzungen müssen sich allerdings im Rahmen des Gesetzes halten (U. v. 17. Juni 21 II A 252/21 S. 6, 79, v. 17. Juni 21 II A 252 RStBl. 1921, 299, v. 8 Juli 21 II A 294/21 RStBl. 1921, 331, v. 22 Jan. 21 II A 236/21 RStBl. 1921, 331, v. 20. Sept. 21 II A 236/21 RStBl. 1921, 382). Letztere Einschränkung ist dahin erläutert worden, daß die erlassenen Anordnungen die Steuergerichte nur insoweit binden, als bei freier Auslegung Zweifel möglich sind, die durch authentische Auslegung nach der einen oder nach der anderen Seite beseitigt werden können (U. v. 24. Nov. 21 V A 10/21 S 7, 295).

Im übrigen hat dieses Urteil, das zu § 20 Nr. 5 des Gesetzes in der bisherigen Fassung ergangen ist, mit der durch die Novelle eingetretenen Änderung dieser Gesetzesvorschrift seine Bedeutung verloren, wie auch die übrigen Urteile, die sich mit dem Vergütungsanspruch bei Personenfahrzeugen befassen.

2. Wegen der bindenden Kraft der Ausf. Best. und wegen der Frage, inwieweit die vorliegenden Ausf. Best. als vom Reichsrat erlassen anzusehen sind, vgl. zu § 24 Anm. 2 und zu § 45 Anm. 1.

3. Der Vergütungsberechtigte muß den Gegenstand entgeltlich erworben haben (U. v. 28. März 22 V A 146/21 zur Veröff. bestimmt). Wer einen Gegenstand ins Inland bloß verbracht hat (§ 17 Nr. 3), hat daher keinen Vergütungsanspruch.

Zu Nr. 1 (Erwerb im öffentlichen Interesse).

4. Für den Erwerb von Gummimänteln durch eine private Gasanstalt für die Arbeiter, die die öffentliche Straßenbeleuchtung überwachen, ist der Vergütungsanspruch aus § 20 Nr. 1 wegen Vorliegens eines öffentlichen Interesses anerkannt worden. (U. v. 31. März 22 V A 81/21 n. v.).

Zu Nr. 2 (Erwerb für Lehrzwecke).

5. Ob dieses Erfordernis gegeben ist, ist nach den Verhältnissen zur Zeit des Erwerbs zu beurteilen.

a) Wenn jemand ein gekauftes Klavier benutzen will, um seine Kinder im Alter von 9 und 12 Jahren musikalisch ausbilden zu lassen, kann, abgesehen von Ausnahmefällen (z. B. bei frühzeitig hervorgetretener hervorragender Begabung), nicht davon gesprochen werden, daß ein Erwerb für Lehrzwecke oder berufliche Zwecke vorliege (U. v. 11. Okt. 21 V A 38/21 S. 7, 81).

b) Anderseits wird der Erstattungsanspruch nicht dadurch hinfällig, daß der Erwerber eines Klaviers, der für die Zeit des Erwerbs den Nachweis geliefert hatte, berufsmäßig gegen Entgelt Musikunterricht zu erteilen, hinterher die Ausübung dieses Berufs zeitweise ausgesetzt hat (U. v. 9 Okt. 20 II A 236 RStBl. 1920, 646, ergangen zu § 28 Abs. 2 Nr. 2 des Ges. v. 1918).

6. Die Vergütung der Umsatzsteuer aus dem Kaufe eines Musikinstrumentes setzt nicht voraus, daß ohne das Musikinstrument die Berufsausübung wesentlich erschwert werde (U. v 18. März 21 II A 132/21 n. v.).

Zu Nr. 4.

7. Die Vorschrift des Gesetzes v. 1919 ist erweiternd auch auf Bestandteile auszulegen, die für Personenfahrzeuge erworben worden sind (U. v. 6. April 22 V A 166/22 n. v.).

8 Die Befreiungsvorschrift in ihrer bisherigen Fassung ist in einem Fall angewendet worden, in dem das Gewerbe zur Zeit des Erwerbs des Fahrzeugs vorübergehend nicht ausgeübt wurde, später aber sein Betrieb wieder aufgenommen wurde, womit bei der Anschaffung gerechnet worden war (U. v. 28. März 22 V A 141/21 n. v.).

9. Beim Gesellschafter einer offenen Handelsgesellschaft, der selbst zur Benützung für Gesellschaftszwecke ein Kraftfahrzeug anschafft, ist Erwerb zu gewerblichen Zwecken angenommen worden (U. v. 10 April 22 V A 114/22 n. v.).

III. Erhöhte Umsatzsteuer auf die Lieferung bestimmter Luxusgegenstände im Kleinhandel.

§ 21.

Die Steuer erhöht sich auf fünfzehn vom Hundert bei der Lieferung der folgenden Gegenstände im Kleinhandel:

1. Edelmetalle sowie Gegenstände des Juweliergewerbes oder der Gold- und Silberschmiedekunst aus oder in Verbindung mit Edelmetallen, wenn es sich nicht um eine bloße Belegung oder einen Überzug unedler Stoffe mit Edelmetallteilen handelt; Edelsteine, einschließlich der synthetischen, und Perlen sowie Gegenstände aus oder in Verbindung mit Edelsteinen und Perlen. Als unedler Stoff gilt eine Legierung mit nicht mehr als $^{500}/_{1000}$ Silber. Vorrichtungen, die zum Ausgleich körperlicher Gebrechen dienen, unterliegen der erhöhten Steuer nicht;
2. Originalwerke der Plastik, Malerei und Graphik, Radierungen, Holzschnitte und Kupferstiche gelten als Originalwerke.

   Von der erhöhten Steuer frei bleiben Originalwerke der Plastik, Malerei und Graphik deutscher lebender Künstler, wenn sie unmittelbar vom Künstler vertrieben werden. Bedient sich der Künstler der Vermittlung dritter Personen, so gelten diese als erhöht steuerpflichtige Lieferer mit dem gesamten vom Abnehmer entrichteten Entgelt, auch wenn sie im Namen des Künstlers aufgetreten sind.

Die vorstehende Vorschrift findet auf Originalwerke der Plastik, Malerei und Graphik innerhalb der letzten fünf Jahre verstorbener Künstler entsprechende Anwendung, wenn sie nach dem Tode des Künstlers unmittelbar von seinem Ehegatten, seinen Abkömmlingen oder seinen Eltern vertrieben werden. Die Frist von fünf Jahren wird vom Abschluß des Umsatzgeschäfts über das Werk ab gerechnet.

3. Antiquitäten, einschließlich alter Drucke, und Gegenstände, wie sie aus Liebhaberei von Sammlern erworben werden, wenn diese Gegenstände nicht vorwiegend zu wissenschaftlichen Zwecken gesammelt zu werden pflegen;
4. Gebinde oder sonstige Herrichtungen aus Blumen und Pflanzen, wenn das Entgelt für die einzelne Lieferung, einschließlich der als Behälter oder zur Zusammenfassung oder Ausschmückung verwendeten Gegenstände, dreißig Mark überschreitet;
5. Reit- und Kutschpferde;
6. lebendes Wild;

§ 16 findet entsprechende Anwendung.

1. Die Steuerpflicht nach § 21 setzt Veräußerung innerhalb eines Gewerbebetriebes voraus. Veräußert jemand durch Hilfsgeschäft (§ 1 Anm. 14) einen Gegenstand, der unter § 21 fällt, so erwächst die Luxussteuer nach diesem Paragraphen (U. v. 9. Nov. 21 V A 37/21 S. 7, 298 (303), auch U. v. 14. März 22 V A 77/21 zur Veröff. bestimmt). Damit ist das Urteil v. 28. Dez. 20 II A 350/20 S. 4, 183, das für die Geltung des alten Umsatzsteuergesetzes die gelegentliche Veräußerung alter Billards durch eine Brauerei dem § 10 des alten Gesetzes, nicht dem § 8, als der Privatluxussteuer unterstellte, überholt.

Wird ein selbständiger Teil eines Gewerbebetriebes im ganzen veräußert, so liegt keine Veräußerung innerhalb des Gewerbebetriebs vor (§ 1 Anm. 16), es kann also die Veräußerung der mit dem Betrieb veräußerten Gegenstände nicht nach § 21, wohl nach § 23 Abs. 1 Nr. 3 (Privatluxussteuer, besteuert werden (U v. 31. Jan. 22 V A 53/21 RStBl. 1922, 35).

Zu Nr. 1.

2. Über den Verkehr mit Reichsgold- und Silbermünzen vgl. zu § 2 Anm. 16.

Zu Nr. 2 Abs. 1.

3. Als Werke der Plastik können nur Gegenstände angesehen werden, deren Oberflächenbehandlung einer, im Gegensatz zu den Werken der Malerei, über das Flächenmäßige hinausgehenden Nachbildung irgendeines Gegenstandes der Wirklichkeit oder der Phantasie bieten; das Bauwerk unterscheidet sich von einem Werke der Plastik dadurch, daß seine wesentliche Bestimmung in der Raumumschließung und Raumerfüllung besteht, während die Bildnerei es ihrem Wesen nach mit der Nachbildung körperlicher Gegenstände zu tun hat. Ein als Werk der Plastik anzusehendes Grabdenkmal verliert jene Eigenschaft nicht dadurch, daß es infolge seiner Aufstellung auf dem Friedhof durch Aufmauerung mit dem Grund und Boden fest verbunden wird (U. v. 3. März 20 II A 9/20 S. 2, 198).

Rein stereometrische Formen mit glatten Flächen, wie Cubus, Zylinder, Kegel sind keine Werke der Plastik. Deren Wesen besteht in der besonderen Begrenzung der den Körper umschließenden Flächen. Ein Granitblock mit ausgeschliffener Fläche zur Aufnahme der Schrift ist kein Werk der Plastik, wohl aber ein Kreuz als bildnerische Darstellung des Marterholzes oder eine gebrochene Säule als Symbol der Vergänglichkeit. Eine aus Zement hergestellte Nachbildung eines Baumstamms ist ein Werk der Plastik (U. v. 16 April 20 II A 222/19, U. v. gleichen Tage II A 25/20 beide n. v.). Im übrigen sind vorstehende drei Urteile — zur Auslegung des Begriffs Grabdenkmal im Sinne des Ges. v. 1918 ergangen —, überholt; vgl. zu § 15 Anm. 5.

Zu Nr. 2 Abs. 2.

4. Unter der Geltung von § 8 Abs. 1 Nr. 3 des Ges. v. 1918 hat der RFH. die darin enthaltene Begünstigung lebender Künstler dem vom Künstler beauftragten Versteigerer versagt (U. v. 9. Juni 20 II A 368/19 S. 3, 890). Dieser Grundsatz hat erneut Bedeutung gewonnen, nachdem im § 21 Nr. 2 das Künstlerprivileg durch Ges. v. 18. Aug. 20 (RGBl. S. 1607) wieder eingeführt worden ist.

Zu Nr. 3.

5. Antiquitäten, z. B. alte Musikinstrumente (Clavicin), haben ebenso wie die in Z. 3 weiter aufgeführten „Gegenstände, wie sie aus Liebhaberei von Sammlern erworben werden", Sammelwert. Ihre Lieferung unterliegt daher der erhöhten Umsatzsteuer dann nicht, wenn sie sich als Gegenstände darstellen, die vorwiegend zu wissenschaftlichen Zwecken gesammelt zu werden pflegen (U. v. 6. Juli 21 II A 113/19 1, 113).

6. Eine Bibel aus dem Jahre 1723 ist als alter Druck im Sinne von § 21 Nr. 3 angesehen worden (U. v. 21. Febr. 22 V A 90/22 n. v.).

Zu Nr. 5.

7. Für die Annahme der Eigenschaft eines Pferdes als Kutschpferd entscheidet seine objektive Beschaffenheit, nicht der beabsichtigte Gebrauch (U v. 24. Juli 21 II A 190/21 n. v.).

8. Die Eigenschaft als Kutschpferd oder Reitpferd wird nicht schon durch zur Zeit des Umsatzes bestehende vorübergehende, behebbare Gesundheitsstörungen ausgeschlossen, wohl aber durch chronische Leiden, die das Tier zum Kutschieren oder Reiten dauernd untauglich machen (U. v. 7. Juli 21 II A 129/21 S. 6, 56).

9. Über die Frage, wann ein Pferd als Kutschpferd anzusehen sei, hat sich der RFH. folgendermaßen ausgesprochen: Kutschieren ist mehr als sich in einem von Pferden gezogenen Wagen fortbewegen lassen. Kutschieren geschieht in einem zur Beförderung von Personen bestimmten Wagen, nicht in einem Lastwagen oder einem ähnlichen Fuhrwerk. Aber auch nicht jeder der Personenbeförderung dienenden Wagen ist eine Kutsche, z. B. nicht der Omnibus. Der Wagen darf nicht auf Massenbeförderung eingerichtet sein. Es wird vielmehr eine bessere Aufmachung verlangt, die auch auf das Aussehen des Pferdes übergreift. Es handelt sich bei der Kutsche um ein Beförderungsmittel, das sich von der einfachen der Allgemeinheit zugänglichen Art der Personenbeförderung hervorhebt. Auch die Gangart, mit der normalerweise das Fuhrwerk bewegt wird, darf nicht außer Acht bleiben. Ein Pferd, das seiner Beschaffenheit nach überhaupt nur in der Lage ist, Schritt zu gehen, ohne längere Trabeinlagen zu machen, ist kein Kutschpferd. Hierbei kann, insbesondere auch bei Rassepferden, von Bedeutung sein, wie das Pferd bisher verwendet worden ist, ob es dadurch etwa, wenn es vielleicht auch an sich nach seiner Beschaffenheit ursprünglich beschaffen war, als Kutschpferd zu dienen, zu diesem Zwecke verdorben worden ist. Auch die Auffassung der Kreise, die mit Pferden in ihrem Berufe hantieren, darf nicht ganz außer Acht gelassen werden (U. v. 18. Okt. 21 V A 153/21 S. 7, 141).

§ 22.

Eine Lieferung im Kleinhandel im Sinne des § 21 liegt nicht vor, wenn die Gegenstände zur gewerblichen Weiterveräußerung, sei es in derselben Beschaffenheit, sei es nach vorheriger Bearbeitung oder Verarbeitung für eigene oder fremde Rechnung erworben werden.

Nimmt der Steuerpflichtige bei der Lieferung der im § 21 genannten Gegenstände die Befreiung von dem erhöhten Steuersatze für sich in Anspruch, weil die Gegenstände zur gewerblichen Weiterveräußerung geliefert worden seien, so muß er sich von dem Erwerber nachweisen lassen, daß sie in dem Unternehmen, für das der Erwerb stattfindet, eine solche Verwendung finden können. Der Nachweis muß nach näherer Bestimmung des Reichsrats durch Vorlegung einer behördlichen Bescheinigung, die gebühren- und stempelfrei auszustellen ist, geführt werden. Der Lieferer braucht bei der einzelnen Bestellung oder Entnahme die Vorlegung der Bescheinigung nicht zu verlangen, wenn er mit dem Abnehmer in ständigen Geschäftsbeziehungen steht und ihm Inhalt und Geltungsdauer der Bescheinigung bekannt sind.

Wird gegen die vorstehenden Vorschriften verstoßen, so sind die Lieferungen ohne Rücksicht darauf, ob eine Lieferung im Kleinhandel im Sinne des § 21 vorliegt oder nicht, mit fünfzehn vom Hundert steuerpflichtig.

1. Der RFH. hat die entsprechende Vorschrift zum § 9 des Ges. v. 1918 über ihre negative Fassung hinaus dahin ausgelegt, daß Kleinhandel überall da anzunehmen sei, wo Gegenstände *zu anderen Zwecken als zur gewerblichen Weiterveräußerung* erworben werden, also auch zum Gebrauch und Verbrauch im Gewerbe des Erwerbes (U. v. 2. Okt. 19 II A 226/19 S. 1, 195). Im übrigen kommt jenes Urteil nicht mehr in Betracht, da photographische Apparate und ihre Bestandteile, wovon es handelt, nicht mehr der Kleinhandelluxussteuer unterliegen.

2. Erwirbt bei einer *Versteigerung* ein Bieter den Versteigerungsgegenstand zur gewerblichen Weiterveräußerung, so liegt eine Lieferung außerhalb des Kleinhandels vor (U. v. 24. Jan. 22 V A 282/21 S. 8 Nr. 52).

3. Die Befreiung der Lieferung von Gegenständen zur gewerblichen Weiterveräußerung von der erhöhten Umsatzsteuer ist nur angängig, wenn der in § 20 des Ges. v. 1918 vorgeschriebene formelle Nachweis erbracht wird (U. v. 23. April 19 II A 67/19 S. 1, 31). **Hieran hat der RFH. auch unter Geltung des Ges. v. 1919 in ständiger Rechtsprechung festgehalten.**

4. § 20 des UmsStG. v. 1918 (jetzt § 22) gilt auch für den Großhändler, der kleinhandelluxussteuerpflichtige Gegenstände ausnahmsweise nicht an Wiederverkäufer liefert (J. v. 4. März 21 II A 426/20 S. 5, 34).

5. Ist der Unternehmer bedingungslos von der Führung des Steuerbuchs befreit, so ist er nicht verpflichtet, den Nachweis, dem das Steuerbuch dienen soll, in anderer Weise zu führen; die Heranziehung zur erhöhten Umsatzsteuer setzt in diesem Falle voraus, daß in irgendeiner Weise festgestellt wird, der Großhändler habe den Verpflichtungen zu § 20 Abs. 1 des UmsStG. v. 1918 (jetzt § 22 Abs. 2) nicht genügt (U. v. 4. März 21 II A 426/20 S. 5, 34).

6. Voraussetzung für die Steuerermäßigung ist die Vorlegung der amtlichen Bescheinigung durch den Erwerber und abgesehen von dem in Anm. 4 erwähnten Falle, die richtige Eintragung in das Steuerbuch. Die Vorlegung braucht nicht bei jeder späteren Bestellung wiederholt zu werden, hier genügt Bezugnahme (auch stillschweigende) auf eine frühere Vorlegung; auch wird nicht Vorlegung vor dem Veräußerer persönlich gefordert, solche vor seinem Vertreter, Reisenden, ist hinreichend (U. v. 26. Mai 20 II A 121/20 S. 3, 40). **Dieses Urteil ist z. T. überholt durch die jetzige Fassung von § 22 Abs. 2 S. 2, der ähnliche Erleichterungen gewährt. Das Gleiche gilt von der die Vorlegungspflicht einschränkend auslegenden Entscheidung v 12. Mai 20 II A 146/20 S. 2, 341 (einmalige Vorlegung der Bescheinigung innerhalb ihrer Geltungsdauer bei dauernder Geschäftsbeziehung).**

7. An der Auffassung, daß die Angabe unzutreffender Bescheinigungsnummern im Steuerbuche die Anwendung der Befreiungsvorschrift zugunsten der Weiterverkäufer ausschließt, ist festgehalten worden (U. v. 7. März 22 V A 216/21 n. v.).

§ 23.

Die erhöhte Steuerpflicht des § 21 umfaßt auch:

1. die Entnahme aus dem eigenen Betriebe (§ 1 Nr. 2). Ist für die Steuerpflicht einer Lieferung die Höhe des Entgelts maßgebend, so ist bei der Schätzung des Wertes des entnommenen Gegenstandes (§ 8 Abs. 3) zur Feststellung der Steuerpflichtigkeit von dem Preise auszugehen, der am Orte und zur Zeit der Entnahme von Personen, welche die Gegenstände nicht zur gewerblichen Weiterveräußerung erwerben, gezahlt zu werden pflegt (Kleinhandelspreis);
2. die Lieferung auf Grund einer Versteigerung (§ 1 Nr. 3), es sei denn, daß die versteigerten Gegenstände zur gewerblichen Weiterveräußerung erworben werden. Weist derjenige,

der in einer Versteigerung den Zuschlag erhalten hat, dem Versteigerer in der im § 22 Abs. 2 vorgeschriebenen Form nach, daß er zur gewerblichen Weiterveräußerung erworben hat, so hat er Anspruch auf eine Ermäßigung des Zuschlagpreises um den Unterschied der Steuersätze der §§ 13 und 21;

3. die entgeltliche Lieferung im Inland durch Personen, die keine gewerbliche Tätigkeit ausüben, und außerhalb einer Versteigerung, sofern die Lieferung die im § 15 unter I Nr. 1, 2, 3, 5, unter II Nr. 1, 6, 8, 10, 22 und im § 21 Nr. 1, 2 und 3 bezeichneten Gegenstände betrifft. Steuerpflichtig ist der Lieferer; mit ihm haftet der Abnehmer für die Erfüllung der Steuerpflicht;

4. die entgeltliche Lieferung in oder aus dem Ausland an eine Person, die ihren Wohnsitz oder gewöhnlichen Aufenthalt zur Zeit der Lieferung im Inland hat. Die Steuerpflicht tritt ein, sobald der Gegenstand ins Inland gelangt, ohne Rücksicht darauf, ob der Lieferer ein Unternehmer ist oder nicht. Steuerpflichtig ist der erste inländische Erwerber des Gegenstandes;

5. das Verbringen von Originalwerken im Sinne des § 21 Nr. 2, von Antiquitäten (§ 21 Nr. 3) und solchen sonstigen im § 21 Nr. 3 genannten Gegenständen, die für die Geschichte, die Kulturgeschichte oder die Urgeschichte der Pflanzen- und Tierwelt von Bedeutung sind, in das Ausland, es sei denn, daß der Hersteller am Tage des Verbringens ins Ausland noch nicht fünfzig Jahre tot ist oder, wenn ein Hersteller nicht bekannt ist, seit der Herstellung noch nicht fünfzig Jahre verflossen sind; die erhöhte Steuerpflicht tritt ohne Rücksicht darauf ein, ob der Verbringer ein Unternehmer ist oder nicht und ob das Verbringen gegen Entgelt erfolgt.

In den Fällen der Nr. 3 und 4 tritt völlige Steuerbefreiung ein, wenn der Gegenstand zur gewerblichen Weiterveräußerung erworben wird und der Erwerber dies bei Nr. 3 dem Lieferer, bei Nr. 4 der Steuerstelle in der im § 22 Abs. 2 vorgeschriebenen Form nachweist.

I. Lieferung.

1. Auf Zuteilung der zu einem Nachlaß gehörigen Luxusgegenstände an einen Miterben im Wege der Erbauseinandersetzung ist § 10 Nr. 1 des Ges. v. 1918 nicht angewendet worden weil der Erwerb von Todeswegen, dem die Erbauseinandersetzung zu unterstellen ist, nicht von der Umsatzsteuer betroffen werden soll (U. v. 14. Nov. 19 II A 73/19 S. 2, 23). Für § 23 Abs. 1 Nr. 3 des geltenden Gesetzes wird das gleiche gelten müssen.

2. Die Grundsätze über die Steuerpflicht des Kommissionärs sind auf eine Privatperson übertragen worden, die im eigenen Namen im Auftrag und für Rechnung eines anderen ein Klavier, eine Briefmarkensammlung verkauft hat (U. v. 11. Okt. 21 V A 43/21, U. v. 28. April 22 V A 165/21 beide n. v.).

II. Gegenstände.

3. Die Erweiterungen und Beschränkungen, die der Reichsrat auf Grund der ihm nach § 21 Abs. 2 und § 16 des Gesetzes zustehenden Ermächtigung zu § 21 Abs. 1 Nr. 1—3 für die Kleinhandelluxussteuer anordnet, gelten auch für die nach § 23 Abs. 1 Nr. 3 luxussteuerpflichtigen Privatverkäufe (U. v. 5. Okt 21 V A 107 u. 108/21 S. 7, 68).

4. Treppenläufer (Teppiche), die mit einem Hause verkauft werden, unterliegen der Privatluxussteuer (U. v. 18. Jan. 22 V A 114/21 n. v.).

5. Zur Anwendung von § 8 Nr. 1 des alten Ges. ist es für genügend erachtet worden, wenn Kraftfahrzeuge veräußert werden, die als solche, wenn auch nach vorheriger Instandsetzung, weiter verwendet werden sollen (U. v. 26. Nov. 19 II A 271/19 RStBl. 1920, 62). Nur wenn die Gegenstände völlig unbrauchbar geworden sind dergestalt, daß ihre Wiederherstellung unmöglich oder unwirtschaftlich ist, entfällt die Luxussteuerpflicht; so für unbrauchbare Billards, die jetzt allerdings nicht mehr dem § 23 Abs. 1 Nr. 3 unterfallen (U. v. 24. März 21 II A 94/21 S. 5, 145), und für unbrauchbare Flügel (U. v. 18. März 21 II A 4/31/20 S. 5, 341).

III. Personen, die keine gewerbliche Tätigkeit ausüben.

6. Dem § 10 Nr. 1 UStG. 1918 hat der RFH. alle Personen unterstellt, die nicht dem § 8 jenes Gesetzes unterfallen, also nicht Händler von kleinhandelluxussteuerpflichtigen Gegenständen der gerade in Frage kommenden Art sind, wenn auch der Verkauf ein Hilfsgeschäft für den Gewerbebetrieb des Verkäufers ist. Damals handelte es sich um den Verkauf unbrauchbarer Billards aus dem Inventar, das eine Großbrauerei für die von ihr verpachteten Schankwirtschaften unterhielt (U. v. 24 März 21 II A 94/21 S. V, 145). Auf das jetzige Gesetz ist dieser Grundsatz in Ansehung der aus § 15 (Herstellerluxussteuer) nach § 23 Abs. 1 Nr. 3 übernommenen Gegenstände angewendet worden. Der RFH. hat das getan, als es sich um die Besteuerung des Verkaufs eines Personenkraftwagens handelte, der dem Veräußerer zur Ausübung seiner beruflichen Tätigkeit als Aufsichtsratsmitglied einer Gesellschaft gedient hatte (U. v. 11 Febr. 21 II A 410/20 RStBl. 1921, 180). Ausführlich ist das dargelegt im U. v. 29. November 21 V A 37/21 S. 7, 298, wo weiter ausgeführt ist, daß für die aus § 21 (Kleinhandelluxussteuer) nach § 23 Abs. 1 Nr. 3 übernommenen Gegenstände jener Grundsatz in Ansehung der Hilfsgeschäfte nicht gilt, die Veräußerung solcher Gegenstände durch ein Hilfsgeschäft vielmehr schon nach § 21 luxussteuerpflichtig ist. Damit ist für diese Gegenstände der Grundsatz des erstangeführten Urteils v. 24. März 21 II A 194/21 verlassen, wenn es auch bei der Luxussteuerpflicht bleibt. Jedenfalls wird vom RFH. der Begriff der gewerblichen Tätigkeit im Sinne des § 23 Abs. 1 Nr. 3 anders ausgelegt als der gleiche Begriff im Sinne von § 1 und § 21, wie ein U. v. 14. März 22 V A 77/21 (zur Veröff. best.) ausdrücklich hervorhebt.

7. Das erwähnte U. v. 29. November 21 V A 37/21 S. 7, 298 **hebt weiter hervor, daß unter die gewerbliche Tätigkeit im Sinne von § 23 Abs. 1** Nr. 3 die berufliche Tätigkeit nicht fällt. Ein Angehöriger eines freien Berufs, z. B. ein Arzt, der ein von ihm benutztes Kraftfahrzeug veräußert, hat deshalb die Privatluxussteuer nach der vorliegenden Vorschrift zu entrichten. Der Begriff des Hilfsgeschäfts spielt bei den Angehörigen der freien Berufe überhaupt keine Rolle.

8. Wegen der Haftung des Erwerbers vgl. zu § 39 Anm. 2 und 3.

IV. Außerhalb einer Versteigerung.

9. Diese Worte sind so zu verstehen, daß die erhöhte Steuerpflicht selbst dann eintritt, wenn die Lieferung nicht aus Anlaß einer Versteigerung stattfindet. **Die Vorschrift gilt also auch für Lieferungen von den im § 15** unter I Nr. 1, 2, 3, 5 aufgeführten Gegenständen, wenn die Lieferung auf Grund einer Versteigerung erfolgt und der Versteigerer von der im § 23 Abs. 1 Nr. 3 bezeichneten Person, die keine gewerbliche Tätigkeit ausübt, beauftragt war; das folgt aus der Gleichstellung der veräußernden Privatperson mit dem Hersteller (U. v. 15. April 21 II A 82/21 S. 5, 190) vgl. Anm. 12.

10 Wegen der Haftung des Erwerbers vgl. zu § 39 Anm. 2.

V. Weiterveräußerungsbescheinigungen.

Zu Abs. 2.

11. So lange in der Übergangszeit die Ausführungsbestimmungen zum Umsatzsteuergesetz von 1919 noch nicht erlassen und die Umsatzsteuerämter auch noch nicht mit vorläufigen Weisungen versehen waren, war die Befreiungsvorschrift des § 23 Abs. 2 nicht deshalb unanwendbar, weil die dort vorgesehenen Wiederveräußerungsbescheinigungen nicht vorgelegt waren und nicht vorgelegt werden konnten, da keine Behörde bestimmt war, die sie hätte ausstellen können. In solchen Fällen genügt es, wenn der Nachweis, zu dem die Bescheinigung dienen soll, nämlich, daß der Gegenstand zur gewerblichen Weiterveräußerung erworben wird, möglichst sorgfältig in anderer Weise geführt wird (U. v. 26. Nov. 20 II A 326/20 S. 4, 48).

12. Die Befreiungsvorschrift im § 23 Abs. 2 des Umsatzsteuergesetzes **gilt nur für die im § 21 Nr. 1, 2 und 3 bezeichneten, an sich kleinhandelluxussteuerpflichtigen** Gegenstände, **nicht aber für die im § 15** unter Nr. I 1, 2, 3, 5 und unter II 1, 6, 8, 10 und 22 aufgeführten, an **sich herstellerluxuspflichtigen Gegenstände, denn der veräußernde Privatmann,** der den Gegenstand nochmals in den Verkehr bringt, muß je nach der Art des Gegenstandes dem Kleinhändler oder dem Hersteller gleichgestellt werden; der Hersteller ist aber nach § 15 luxussteuerpflichtig, auch wenn er an Weiterverkäufer veräußert (U. v. 26. Nov. 20 II A 299/20 S. 4, 62; v. 17. Dez. 20 II A 345 RStBl. 1921, 63/7; v. 14. Jan. 21 II A 291 20 RStBl. 1921, 108; v. 22. April 21 II A 157/21 S. 5, 213; v. 6. Mai 21 II A 224/21 RStBl. 1921, 268).

13. Bei Privatverkäufen von Sachen der im § 23 Abs. 1 Nr. 3 des Gesetzes bezeichneten Art tritt die Befreiung von der Steuerpflicht nur ein, wenn die Wiederveräußerungsbescheinigung tatsächlich vorgelegt wird. Die Vorlegung muß vor Ablauf von 14 Tagen nach der Zahlung, spätestens jedoch bei Ausstellung der Quittung geschehen (U. v. 10. Nov. 21 V A 87/21 S. 7, 238).

§ 24.

Dem Erwerber von Gegenständen der im § 21 bezeichneten Art vergütet die Steuerstelle auf Antrag nach näherer Bestimmung des Reichsrats den Teil des von ihm beim Erwerb entrichteten Entgelts, der dem Unterschiede zwischen der Steuer nach § 13 und § 21 für die Lieferung an ihn entspricht, wenn er nachweist, daß er

1. die Gegenstände im öffentlichen Interesse, insbesondere auch für kirchliche oder wissenschaftliche Zwecke, erworben hat, oder,
2. soweit es sich um die im § 21 Abs. 1 Nr. 1 bezeichneten Gegenstände handelt, sie für technische oder Heilzwecke erworben hat, oder,
3. soweit es sich um die im § 21 Abs. 1 Nr. 5 bezeichneten Gegenstände handelt, diese ausschließlich oder überwiegend der Ausübung seines Gewerbes oder Berufs dienen und nicht ihrer Beschaffenheit nach die Absicht äußerer Wirkung im Vordergrunde steht.

Wird nachgewiesen, daß die Gegenstände in einer nach der vorstehenden Vorschrift zur Vergütung Anlaß gebenden Art verwendet werden sollen, so kann nach näherer Bestimmung des Reichsrats die Steuerstelle dem Lieferer gestatten, die Steuer nur nach dem Steuersatze des § 13 in Ansatz zu bringen.

Die Vorschriften der Absätze 1 und 2 finden in den Fällen des § 23 Abs. 1 Nr. 3 und 4 entsprechende Anwendung, und zwar im Falle des § 23 Abs. 1 Nr. 3 auch bei den Musikinstrumenten, die für Lehr- oder berufliche Zwecke erworben werden, **sowie bei Fahrzeugen zur Personenbeförderung, wenn sie der Ausübung des Fuhrhaltergewerbes dienen.** Die Vergütung (Abs. 1) oder die Steuerbefreiung (Abs. 2) umfaßt dabei den gesamten Steuerbetrag.

Die Steuerstelle vergütet ferner die nach § 23 Abs. 1 Nr 5 entrichtete Steuer, wenn die dort genannten Gegenstände von demjenigen, der die Steuer entrichtet hat, oder dessen Erben wieder in das Inland gebracht werden.

Zu Abs. 1.

1. Wegen der Frage, inwieweit die AusfBest. Bestimmungen des Reichsrats enthalten, vgl. zu § 45 Anm. 1.

2. Die zu §§ 20 und 24 erlassenen Bestimmungen des Reichsrats haben bindende Kraft nur insoweit, als bei freier Auslegung des Gesetzes Zweifel möglich sind, die durch authentische Interpretation des Gesetzes nach der einen wie nach der anderen Seite beseitigt werden können, wie sie auch die

Rechtsprechung beheben könnte. Diese Grenze hat § 197 d der AusfBest. nicht überschritten.

Nach den AusfBest. hatte der Erwerber eines Kraftfahrzeuges nachzuweisen, daß er sein Gewerbe ohne das Kraftfahrzeug nicht unbeschränkt ausüben konnte. Letzteres Erfordernis ist vom Standpunkt des Erwerbers aus zu beurteilen. Der Geschäftsmann bestimmt, inwieweit er zu seinem Gewerbe sich eines Kraftfahrzeuges bedienen will. Die Behörde hat sich den Standpunkt des Geschäftsmannes zu eigen zu machen und von diesem aus zu prüfen, ob das Kraftfahrzeug im Gewerbe benützt wird und dieses Gewerbe ohne das Kraftfahrzeug nicht uneingeschränkt betrieben werden könnte. Auf die Tendenz jenes Geschäftes, sich auszudehnen, ist Rücksicht zu nehmen (U. v. 24. Nov. 21 V A 10/21 S. 7, 295).

Wenn ebenda von einem Nachweis des Gewerbetreibenden gesprochen wird, so ist damit nur zum Ausdruck gebracht, daß der Gewerbetreibende den Nachteil zu tragen hat, wenn die Erörterung des Finanzamts, die es auch hier pflichtenmäßig von Amts wegen vorzunehmen hat, kein zweifelsfreies Ergebnis bieten. Jenes Urteil ist, wie die vielen sonstigen zu Abs. 1 Nr. 5 ergangenen Urteile, in der Hauptsache dadurch überholt, daß der Vergütungsanspruch nur noch dem Fuhrwerkunternehmer zusteht. Die beiden hervorgehobenen Grundsätze haben aber allgemeine Bedeutung, insbesondere können sie zu Abs. 1 Nr. 3 zur Anwendung gelangen.

Zu Abs. 1 Nr. 1.

3. Ein staatliches Münzamt erwirbt das von ihm benötigte Edelmetall nicht zur gewerblichen Weiterveräußerung. Daher ist ein Verkauf des Edelmetalls an das Münzamt zwar Lieferung im Kleinhandel; es wird aber der Vergütungsanspruch nach § 24 Abs. 1 Nr. 1 (Erwerb im öffentlichen Interesse) gegeben sein (U. v. 2. Dez. 21 V A 57/21 n. v.).

Zu Abs. 3.

4. Nach Abs. 3 ist der volle Steuerbetrag auch dann zu vergüten, wenn die luxussteuerpflichtige Veräußerung seitens des Vormannes des Vergütungsberechtigten ein Hilfsgeschäft in dessen Gewerbebetrieb war, also der allgemeinen Umsatzsteuer unterlegen hätte, wenn die Luxussteuer nicht in Frage gekommen wäre (U. v. 24. Nov. 21 V A 10/21 S. 7, 295).

§ 25.

Die Steuer erhöht sich auf zehn vom Hundert des Entgelts bei folgenden Leistungen:

1. der Gewährung eingerichteter Schlaf- und Wohnräume in Gasthöfen, Pensionen oder Privathäusern zu vorübergehendem Aufenthalte, wenn das Entgelt für den Tag oder die Übernachtung vierzig Mark oder mehr beträgt;

2. der Aufbewahrung von Geld, Wertpapieren, Wertsachen, Gegenständen der im § 21 Abs. 1 Nr. 1 bis 3 bezeichneten Art, Pelzwerk, Bekleidungsstücken aus oder unter Verwendung von Pelzwerk;

3. der Vermietung von Reittieren.

Bei Leistungen der im Abs. 1 Nr. 1 bezeichneten Art tritt die Steuerpflicht auch ein, wenn der Leistende kein Unternehmer ist.

1. Die Novelle bedeutet für § 25 nur eine Fassungsänderung, insoweit die Anzeigensteuer (bisher Nr. 1 des § 25) nach § 26 und § 27 verwiesen ist.

Zu Abs. 1 Nr. 1.

2. Die AusfBest. haben im § 86 Abs. 1 S. 3 mit Recht Sanatorien für erhöht steuerpflichtig erklärt, sofern und soweit der Heilzweck bei ihnen nicht überwiegt. Daß ärztliche Behandlung im Hause stattfindet, genügt nicht, um die erhöhte Steuerpflicht zu verneinen, wenn im übrigen die Einrichtung den Stempel trägt, daß das Unternehmen der Erholung dienen soll (U. v. 2. Dez. 21 V A 185/21 S. 7, 350).

3. Die Beherbergungssteuer ist auch bei der Vermietung von Zimmern in Bordellen zu entrichten, die Unsittlichkeit des Rechtsgeschäfts tut der Steuerpflicht keinen Abbruch (U. v. 24. Jan. 22 V A 101/21 Nr. 44).

4. In demselben Urteil ist der Ausdruck „vorübergehender Aufenthalt" dahin ausgelegt, daß es nicht darauf ankommt, ob nach den Verhältnissen bei der Einmietung der Gast am Orte, sondern nur ob er in dem gewählten Gasthof usw. vorübergehend zu verweilen gedenkt.

§ 26.

Die Steuer erhöht sich unbeschadet der Vorschrift des § 27 auf fünf vom Hundert des Entgelts bei der Übernahme von Anzeigen, soweit sie sich nicht auf öffentliche Wahlen beziehen.

Als Übernahme einer Anzeige gilt

1. **die Herstellung von Anzeigen durch Druck oder auf einem andern Weg als durch Handschrift, Schreibmaschinenschrift, Handzeichnung oder Handmalerei;**
2. **die Überlassung von Flächen und Räumen zur Aufnahme von Ankündigungen;**
3. **die Vornahme von Ankündigungen auf andere Weise als die in Nr. 1 und 2 bezeichnete Art (z. B. durch Beleuchtung, Umhertragen von Tafeln, Umherfahren von Reklamewagen, Ausrufen).**

Steuerpflichtig ist im Falle des Abs. 1 Nr. 1, sofern es sich um Druckschriften oder sonstige Vervielfältigungen handelt, der Verleger und, wenn ein solcher nicht vorhanden ist, der Drucker oder Vervielfältiger. Ist bei einer Druckschrift die Anzeigenaufnahme von dem Verleger an einen Dritten verpachtet, so ist dieser steuerpflichtig.

Die Besteuerung nach Abs. 1 Nr. 2 oder 3 wird nicht dadurch ausgeschlossen, daß bereits die Herstellung der Anzeige nach Nr. 1 der Steuer unterliegt.

Bei Leistungen der vorbezeichneten Art tritt die Steuerpflicht auch ein, wenn der Leistende kein Unternehmer ist.

§ 27.

Die Steuer für die Übernahme von Anzeigen nach § 26 ermäßigt sich bei Zeitungen und Zeitschriften

von den ersten 200000 Mark des innerhalb eines Kalendervierteljahres vereinnahmten Entgelts auf 1 vom Hundert,

von den nächsten 200000 Mark des innerhalb eines Kalendervierteljahres vereinnahmten Entgelts auf $1^1/_2$ vom Hundert,

von den nächsten 200000 Mark des innerhalb eines Kalendervierteljahres vereinnahmten Entgelts auf 2 vom Hundert,

von den nächsten 200000 Mark des innerhalb eines Kalendervierteljahres vereinnahmten Entgelts auf $2^1/_2$ vom Hundert,

von den nächsten 200000 Mark des innerhalb eines Kalendervierteljahres vereinnahmten Entgelts auf 3 vom Hundert,

von den nächsten 100000 Mark des innerhalb eines Kalendervierteljahres vereinnahmten Entgelts auf $3^1/_2$ vom Hundert

von den darüber hinausgehenden Beträgen auf 4 vom Hundert.

Gibt ein Steuerpflichtiger mehrere Zeitungen und Zeitschriften heraus, so ist für die etwaige Ermäßigung jede Zeitung und jede Zeitschrift selbständig zu behandeln.

1. Die Gesetzesänderung bedeutet, abgesehen von der Herabsetzung des Steuersatzes, gegenüber dem bisherigen Rechtszustand insofern eine Besserstellung der Zeitungen und Zeitschriften, als entgegen der Auslegung, die der RFH. den bisherigen Vorschriften im § 27 gab (S. 4, 13), für den Steuersatz das Aufkommen innerhalb eines Kalendervierteljahres, nicht das innerhalb eines Kalenderjahres maßgebend sein soll.

§ 28.

Als vorübergehender Aufenthalt im Sinne des § 25 Abs. 1 **Nr. 1** ist ein solcher anzusehen, der nach den Umständen bei Beginn des Aufenthalts auf nicht länger als auf drei Monate berechnet ist.

Die Steuer ist für jeden Tag oder jeder Übernachtung und für jede Person nach dem für das Zimmer oder die Wohnung festgesetzten oder zu berechnenden Tagespreise zu bemessen. Ist für Beherbergung und Beköstigung ein Gesamtentgelt vereinbart, so kann für die Beköstigung ein angemessener Teil abgesetzt werden. Abzüge für Bedienung und sonstige Nebenleistungen dürfen nicht gemacht werden.

§ 29.

Im Falle des § 25 Abs. 1 **Nr. 2** wird die erhöhte Steuerpflicht dadurch nicht berührt, daß der Unternehmer sich neben der Aufbewahrung auch zu einer Verwaltungstätigkeit verpflichtet.

Die Entgegennahme geschlossener Depots oder die Vermietung von Schließfächern durch Banken, Sparkassen und ähnliche Geldinstitute fällt auch dann unter die erhöhte Steuerpflicht nach § 25 Abs. 1 **Nr. 2**, wenn nicht feststeht, ob es sich um die Aufbewahrung der daselbst genannten Gegenstände handelt.

Die Aufbewahrung ist nicht steuerpflichtig, wenn sowohl der Verwahrer wie der Hinterleger Unternehmen der in Abs. 2 bezeichneten Art betreiben.

V. Überwachung der Steuerpflichtigen.

§ 30.

Die Steuerpflichtigen haben innerhalb zweier Wochen nach dem Beginn ihrer Tätigkeit hiervon der Steuerstelle Anzeige zu erstatten. In ihr ist anzugeben, ob die im § 15 bezeichneten Gegenstände hergestellt oder die im § 21 bezeichneten Gegenstände im Kleinhandel umgesetzt oder Leistungen der im § 25 **und 26** bezeichneten Art ausgeführt werden. Die Anzeige ist innerhalb zweier Wochen zu ergänzen, wenn der Betrieb auf die Herstellung der im § 15 bezeichneten Gegenstände oder auf den Kleinhandel der im § 21 bezeichneten Gegenstände oder auf die im § 25 bezeichneten Leistungen erstreckt wird.

Wer eine steuerpflichtige Tätigkeit bei dem Inkrafttreten dieses Gesetzes bereits ausübt, hat innerhalb des Monats Januar 1920 der Steuerstelle anzuzeigen, wenn er die im § 15 bezeichneten Gegenstände herstellt oder die im § 21 bezeichneten Gegenstände im Kleinhandel umsetzt oder die Leistungen der im § 25 und 26 bezeichneten Art ausführt.

Die vorstehenden Vorschriften finden auf Angehörige der freien Berufe keine Anwendung.

1. Für den hier allein noch im Gesetze vorkommenden Begriff der Angehörigen der freien Berufe ist die darüber zu § 1 Abs. 1 UStG. 1918 ergangene Rechtsprechung von Bedeutung. Unter den freien Berufen versteht der RFH. vorwiegend nur solche Tätigkeiten, die in ihrer letzten Wurzel auf Geistesdisziplinen zurückgehen, die, wie die reinen Wissenschaften, Religion und Kunst, um ihrer selbstwillen ohne Rücksicht auf die wirtschaftliche Auswertung ihrer Ergebnisse betrieben werden können.

a) Demgemäß ist den freien Berufen nicht zugezählt worden der Beruf des **Buchsachverständigen und des Bücherrevisors** (U. v. 9. Juli 19 II A 100 19 S. 1, 129, v. 24. Dez. 20 II A 223/19 n. v., v. 15. Nov. 20 V A 209/20 n. v.), ebensowenig die Tätigkeit des **Rechtskonsulenten** (U. v. 28. Jan. 21 II A 428/20 S. 5, 6).

b) Wohl aber sind dem freien Berufe unterstellt worden der Beruf des **Handelschemikers** (U. v. 30. Okt. 20 II A 235/20 S. 3, 316); **die Erteilung von Tanz- und Anstandsunterricht** (U. v. 18. Febr. 20 II A

159/20 S. 2, 155); der Beruf des Schauspielers (U. v. 3. Dez. 19 II A 288/19 S. 2, 66).

c) Bei Privatkrankenanstalten unterfallen dem freien Beruf die Einnahmen aus der eigentlichen ärztlichen Tätigkeit, nicht aber die Einnahmen für Unterkunft, Beköstigung, Bedienung, Wartung der Kranken u. dgl. (U. v. 23. Juni 20 II A 161/20 S. 3, 113), bei Schauspielunternehmungen nur die aus der eigenen Betätigung des Unternehmers als Schauspieler (U. v. 3. Dez. 19 II A 288/19 S. 2, 66).

2. Die Ausübung eines freien Berufs durch eine Gesellschaft m. b. H., deren Gesellschafter Künstler waren, die sich vereinigt hatten, um gemeinsam musikalische Ausführungen darzubieten, ist anerkannt worden im U. v. 18. März 21 II A 15/21 RStR. 1921, 239.

§ 31.

Die Steuerpflichtigen sind verpflichtet, zur Feststellung der Entgelte Aufzeichnungen zu machen. Der Reichsrat trifft hierüber nähere Bestimmungen; sie treten außer Kraft, wenn der Reichstag es verlangt. Aus den Aufzeichnungen muß zu ersehen sein, wie sich die vereinnahmten Entgelte auf die Gruppen von Umsätzen, für die verschiedenartige Steuersätze bestehen (§§ 13, 15, 21, 25, **26**, 27), verteilen.

Die zur Entrichtung der erhöhten Steuersätze nach den §§ 15 und 21 Verpflichteten haben für die Gegenstände, bei deren Lieferung die erhöhte Steuerpflicht in Betracht kommen kann, ein Steuerbuch und ein Lagerbuch zu führen. In das Steuerbuch müssen die Lieferungen nach Gegenstand, Betrag des Entgelts und Tag der Lieferung und Zahlung eingetragen werden; in den Fällen, in denen die erhöhte Steuer nach den Vorschriften des Gesetzes nicht zu entrichten ist, muß der Grund aus dem Steuerbuche zu ersehen sein; insbesondere ist im Falle des § 22 Abs. 2 auf die vom Wiederveräußerer vorgelegte Bescheinigung zu verweisen. Aus dem Lagerbuche muß der Bestand der Gegenstände bei Beginn jedes Steuerabschnitts (§ 33) und der tägliche Ein- und Ausgang zu entnehmen sein.

Die Vorschriften des Abs. 2 finden auf die Unternehmer, die Leistungen der im § 25 **und 26** bezeichneten Art ausführen, entsprechende Anwendung.

Nähere Bestimmungen über die in Abs. 2 und 3 angeordnete Buchführung erläßt der Reichsrat; er bestimmt nach Anhörung der amtlichen Berufsvertretungen, unter welchen Voraussetzungen die Bücher miteinander verbunden werden können und von der Buchführung ganz oder teilweise entbunden werden kann.

1. Über die Buchführung und den Nachweis der Wiederverkäufereigenschaft vgl. zu § 22 Anm. 6 u. 7.

2. Wenn § 31 die Steuerpflichtigen für verpflichtet erklärt, Aufzeichnungen zu machen, und § 89 der AusfBest. nähere Anordnungen darüber trifft, in welcher Weise der Aufzeichnungspflicht zu genügen ist, so hat der Steuerpflichtige Anspruch darauf, daß die Aufzeichnungen vom Finanzamt dahin geprüft werden, ob sie den AusfBest. und den Vorschriften im § 162 der RAbgO. entsprechen. Bleiben noch Zweifel, so hat das Finanzamt zu versuchen, sie durch Benehmen mit dem Steuerpflichtigen zu beheben, ehe zur Schätzung gegriffen wird (U. v. 4. Okt. 21 V A 98/21 n. v.).

3. Wenn die vorgeschriebenen Aufzeichnungen nicht gemacht sind, ist gegen die Schätzung der in einem landwirtschaftlichen Betrieb erzielten Entgelte nach Normalzahlen, die Sachverständige für einen größeren Bezirk bei Nachbarbetrieben, abgestuft nach der Größe der Betriebe, nach dem Hektar ermittelt haben, nichts einzuwenden. Vorausgesetzt wird dabei, daß nicht besondere Verhältnisse vorliegen, die die Anwendbarkeit der allgemeinen Erfahrungssätze in dem besonderen Falle ausschließen (U. v. 29. November 21 V A 86/21 S. 7, 259).

4. Wenn jemand ein Geschäft während eines Steuerabschnitts übernimmt und damit in die Steuerschuld für den abgelaufenen Teil des Steuerabschnitts nach § 96 RAbgO. eintritt, muß er auch ein schuldhaftes Verhalten seines Vormanns in Ansehung der Aufzeichnungspflicht insofern gegen sich gelten lassen, als er sich dem Schätzungsverfahren unter Ausschluß der Anfechtung im Berufungsverfahren nach § 210 der RAbgO. unterwerfen muß (U. v. 7. Febr. 22 V A 182/22 n. v.).

§ 32.

Wer eine gewerbliche oder berufliche Tätigkeit im Sinne des § 1 Nr. 1 ausübt, unterliegt der Steueraufsicht.

Ergeben sich bei Ausübung der Aufsicht Tatsachen, die die Annahme zulassen, daß bei einem Unternehmen der Eingang der Steuer für den laufenden Steuerabschnitt gefährdet ist, so kann die Steuerstelle die Leistung einer Sicherheit verlangen. Gegen den Bescheid, der die Sicherheit festsetzt, ist die Verwaltungsbeschwerde an die Oberbehörde, die endgültig entscheidet, gegeben.

1. Apotheker können im Wege der Steueraufsicht nicht angehalten werden, die von ihnen ohne Rezept hergestellten Mittel anzugeben, um der Behörde die Prüfung zu ermöglichen, ob diese Mittel geeignet sind, auf die Liste der Geheimmittel gesetzt zu werden. Werden entsprechende Angaben zu Zwecken der Steueraufsicht gefordert, so ist dem Betroffenen das Vorliegen dieser Zwecke darzulegen, und auf Beschwerde hat das Landesfinanzamt klarzustellen, ob diese Zwecke wirklich verfolgt und nicht etwa nur vorgeschützt werden (U. v. 22. Dez. 22 V A 248/21 S. 8, 1).

2. Aus § 32 Abs. 1 kann nicht die Befugnis des Finanzamts hergeleitet werden, von einem Gewerbetreibenden Listen seiner Lieferer zu verlangen, um mit deren Hilfe steuerpflichtigen Fällen nachzuforschen; U. v. 21. April 22 V A 223/22 (zur Veröff. best.).

VI. Steuerberechnung und Veranlagungsverfahren.

§ 33.

Die Steuer wird in den Fällen des § 1 Nr. 1 und 2 nach dem Gesamtbetrage der Entgelte berechnet, die der Steuerpflichtige im Laufe eines Steuerabschnitts für seine Leistungen vereinnahmt hat.

Der Steuerabschnitt beträgt ein Kalenderjahr und, wenn sich die steuerpflichtige Tätigkeit nicht auf das ganze Kalenderjahr erstreckt, den entsprechenden Teil des Kalenderjahrs. Bei der erhöhten Steuer der §§ 15, 21, **25, 26 und 27** beträgt der Steuerabschnitt ein Kalendervierteljahr und, wenn sich die steuerpflichtige Tätigkeit nicht auf das ganze Kalendervierteljahr erstreckt, den entsprechenden Teil des Kalendervierteljahrs. Nach näherer Bestimmung des Reichsministers der Finanzen kann die Steuerstelle anordnen, daß die Steuerabschnitte (Satz 1 und 2) kürzer bemessen werden, und **auf Antrag** gestatten, daß auch in den Fällen der §§ 15, 21, **25 und 26** die Steuerberechnung nach Kalenderjahren erfolgt.

Für die Fälle des § 1 Nr. 3 bestimmt der Reichsrat, unter welchen Voraussetzungen die Besteuerung nach Steuerabschnitten oder für jede einzelne Versteigerung zu erfolgen hat.

In den Fällen der § 17 Nr. 3, § 23 Abs. 1 Nr. 3 bis 5, § 25 Abs. 2 **und § 26 Abs. 5** wird die Steuer für jeden einzelnen steuerpflichtigen Rechtsvorgang berechnet. Nach näherer Bestimmung des Reichsministers der Finanzen kann die Steuerstelle gestatten, daß in den Fällen der § 17 Nr. 3, § 23 Abs. 1 Nr. 4 die Steuer für die in bestimmten Zeitabschnitten eintretenden steuerpflichtigen Rechtsvorgänge gemeinsam berechnet wird. Übt im Falle des § 23 Abs. 1 Nr. 5 der Verbringer eine gewerbliche oder berufliche Tätigkeit aus, so wird die Steuer gleichzeitig mit derjenigen für die Lieferungen im Inland nach Abs. 2 berechnet.

1. Die Umsatzsteuerschuld entsteht mit Ablauf des Steuerabschnitts, vgl. § 81 Abs. 1 RAbgO. (U. v. 29. Nov. 21 V A 154/21 S. 7, 287).

2. Für den Fall, daß bei Versteigerung die Entgelte gestundet und nicht innerhalb Monatsfrist vereinnahmt werden, fehlt es im Gesetz und in den Ausführungsbestimmungen an einer Vorschrift, wann die Versteuerung stattfinden soll. In solchen Fällen ist es angebracht, dem Versteigerer die Versteuerung der vereinnahmten Entgelte in Jahresabschnitten gemäß § 156 Abs. 3 AusfBest. zu gestatten. Abs. 2 des § 156 der AusfBest. paßt nicht auf diesen Fall (U. v. 28. Jan. 21 II A 41/20 S. 4, 289).

§ 34.

Hat der Steuerpflichtige Entgelte in dem gleichen Steuerabschnitt, in dem sie vereinnahmt wurden, zurückgewährt, so kann er sie von der Gesamtheit der im Steuerabschnitte vereinnahmten Entgelte absetzen.

Hat der Steuerpflichtige Entgelte in einem späteren Steuerabschnitt, als sie vereinnahmt wurden, zurückgewährt, so kann er den entsprechenden Betrag an dem steuerpflichtigen Gesamtbetrage der Entgelte desjenigen Steuerabschnitts, in dem die Rückgewährung erfolgt, absetzen.

1. Die Zurückgewährung des Entgelts im Sinne des Abs. 2 liegt in allen Fällen vor, in denen die Rückzahlung erfolgt, weil die Beteiligten das Lieferungsgeschäft oder seine Entgeltlichkeit im wirtschaftlichen Sinne nachträglich ganz oder teilweise haben wieder aufheben wollen. Eine Zahlung, die sich so als Rückgewähr des Entgelts darstellt, kann nicht etwa in der Person ihres Empfängers als steuerpflichtige Vereinnahmung eines Entgelts für den zurückgegebenen Leistungsgegenstand angesehen werden (U. v. 26. April 21 II A 116/21 S. 5, 233).

§ 35.

Der Steuerpflichtige hat der Steuerstelle innerhalb eines Monats nach Ablauf des Steuerabschnitts (§ 33) oder in den Fällen der § 17 Nr. 2 und 3 und § 23 Abs. 1 Nr. 2, 4 und 5 nach Eintritt des steuerpflichtigen Vorganges eine Steuererklärung abzugeben. Die Steuerstelle kann auf Antrag die Frist verlängern, sie kann die Fristverlängerung von einer Sicherheitsleistung abhängig machen. Hat der Steuerpflichtige seine Tätigkeit eingestellt und sind die Entgelte für seine Leistungen noch nicht vollständig eingegangen, so haben nach näherer Anordnung der Steuerstelle Nachanmeldungen stattzufinden.

Die Steuererklärung hat, wenn sie sich auf einen Steuerabschnitt bezieht (§ 33 Abs. 1 und 2), zu enthalten:

1. die Gesamtheit der vereinnahmten Entgelte, einschließlich der für steuerfreie Leistungen; nach Maßgabe der näheren Bestimmungen des Reichsrats können hiervon Ausnahmen zugelassen werden;
2. die für steuerpflichtige Leistungen vereinnahmten Engelte;
3. die Trennung dieser Entgelte, je nachdem sie Leistungen betreffen, die unter die §§ 13, 15, 21, **25, 26 und 27** fallen; gilt für diese ein kürzerer Steuerabschnitt und ist daher über sie eine Steuererklärung bereits abgegeben, so sind sie nochmals in der Steuererklärung für das ganze Kalenderjahr gesondert aufzuführen;

4. die nach § 34 Abs. 2 zurückgewährten Entgelte;
5. die nach den **§§ 19 und 19a** beantragten Vergütungen.

Der Reichsminister der Finanzen kann näherer Bestimmungen über den Inhalt und die Form der Steuererklärung erlassen.

§ 36.

Die Steuerstelle setzt die Steuer fest und erteilt dem Steuerpflichtigen einen Bescheid.

Im Falle des § 33 Abs. 2 Satz 2 kann nach Abschluß eines Kalendersjahr für den gesamten Umfang des abgelaufenen Jahres oder bei vorheriger Einstellung der Tätigkeit nach der Einstellung für den Umfang des verflossenen Teiles des Jahres eine Nachveranlagung vorgenommen werden.

1. § 164 Abs. 1 der AusfBest. gewährt keinen Erstattungsanspruch aus Rechtsgründen, der nach § 223 RAbgO. im Berufungsverfahren verfolgbar wäre; er verpflichtet aber die Umsatzsteuerämter, Anträgen auf Berichtigung offenbarer Versehen im Steuerbescheide zu entsprechen, wenn die Anträge innerhalb der in § 164 Abs. 2 der AusfBest. vorgesehenen Frist gestellt werden. Die Entscheidung des Umsatzsteueramts unterliegt der Beschwerde (U. v. 4. Jan. 22 V A 173/21 n. v.).

§ 37.

Die Steuer ist innerhalb zweier Wochen nach der Bekanntgabe des Bescheids zu entrichten.

Der Steuerpflichtige hat innerhalb eines Monats nach Ablauf jedes Kalendervierteljahres eine Vorauszahlung zu leisten. Ist der Steuerabschnitt das Kalendervierteljahr oder ein kürzerer Zeitabschnitt und ist die Steuer nicht nicht innerhalb eines Monats nach Ablauf des Kalendervierteljahres, in das der Steuerabschnitt fällt, fällig geworden, so ist die Vorauszahlung in Höhe des Betrags zu leisten, der sich aus der Steuererklärung ergibt. Ist der Steuerabschnitt länger als ein Kalendervierteljahr, so hat der Steuerpflichtige innerhalb eines Monats nach Ablauf jedes Kalendervierteljahrs eine Voranmeldung abzugeben, in der er die in dem abgelaufenen Kalendervierteljahre vereinnahmten Entgelte nach Maßgabe des § 35 bezeichnet, und gleichzeitig eine diesen entsprechende Vorauszahlung zu leisten.

Gibt der Steuerpflichtige im Falle des Abs. 2 Satz 2 eine Steuererklärung oder im Falle des Abs. 2 Satz 3 eine Voranmeldung bis zum Ablauf der Vorauszahlungsfrist (Abs. 2 Satz 1) nicht ab, so setzt die Steuerstelle die Vorauszahlung auf ein Viertel der für das vorausgegangene Kalenderjahr veranlagten Steuer fest.

Hat die gewerbliche oder berufliche Tätigkeit im vorausgegangenen Kalenderjahre noch nicht bestanden oder hat die Veranlagung noch nicht stattgefunden, so wird geschätzt.

Übersteigt die am Schlusse des Steuerabschnitts vorgenommene Veranlagung den Gesamtbetrag der Vorauszahlungen um mehr als zwanzig vom Hundert, so erhöht sich die Steuer um zehn vom Hundert dieses überschießenden Betrags.

1. Die Gesetzesänderung, die auf die Einführung vierteljähriger Vorauszahlungen hinausläuft, erledigt die Rechtsprechung des RFH. zu § 37 Abs. 2 der bisherigen Fassung (gesetzliche Zinsen); an der Verzinsungspflicht nach § 104 der RAbgO., die an die Fälligkeit anknüpft, wird selbstverständlich nichts geändert.

§ 38.

In den Fällen der § 17 Nr. 3, § 23 Abs. 1 Nr. 4 läuft die Frist des § 35 von dem Eintritt der Steuerpflicht ab. In der Erklärung ist die Art des Gegenstandes und die Höhe des Entgelts anzugeben.

Gibt der Erwerber über die Höhe des Entgelts keine ausreichenden Aufklärungen, so kann der Reichsminister der Finanzen nach näherer Bestimmung des Reichsrats den Gegenstand zu dem vom Erwerber angegebenen Entgelt oder, wenn der Erwerber die Angabe verweigert, zum gemeinen Werte übernehmen. Mit Erlaß des Bescheids, in dem die Steuerstelle die Übernahme erklärt, ist der Gegenstand für den Reichsfiskus beschlagnahmt; die Beschlagnahme hat die Wirkung eines Veräußerungsverbots. Das Eigentum geht auf den Reichsfiskus über, sobald der Bescheid unanfechtbar geworden ist.

Ist die Steuerstelle nicht gleichzeitig für die Zollabfertigung zuständig, so hat die Zollstelle, welche die Gegenstände zum freien Verkehre des Inlands abfertigt, der Steuerstelle von dem Eingang der Gegenstände unverzüglich Kenntnis zu geben; sie kann von demjenigen, der den Gegenstand ins Inland einbringt, Sicherstellung des Steuerbetrags in seiner voraussichtlichen Höhe verlangen. In die Zollquittung ist ein Hinweis aufzunehmen, daß der Gegenstand umsatzsteuerpflichtig ist und die Steuerstelle zur Überwachung der Steuerentrichtung benachrichtigt wird.

§ 39.

In den Fällen des § 23 Abs. 1 Nr. 3, § 25 Abs. 2 **und § 26 Abs. 5** ist die Steuer vom Lieferer oder sonstigen Leistungsverpflichteten zu dem Empfangsbekenntnis über die Zahlung zu entrichten. Er ist verflichtet, ein schriftliches Empfangsbekenntnis binnen zweier Wochen nach dem Empfang der Zahlung zu erteilen. Bei Teilzahlungen ist für jede Teilzahlung ein Empfangsbekenntnis zu erteilen und dazu die entsprechende Steuer zu entrichten. Das Empfangsbekenntnis muß den Namen des Lieferers oder sonstigen Leistungsverpflichteten, den Gegenstand oder die Art der Leistung nach seiner handelsüblichen Bezeichnung, den Betrag des Entgelts, den Tag der Zahlung und den Steuerbetrag enthalten.

Die Steuer wird entrichtet, indem zu der Bescheinigung Vordrucke, die vor dem Gebrauch abgestempelt sind, oder Stempelmarken nach näherer Anordnung des Reichsrats verwendet werden. Der Reichsminister der Finanzen bestimmt, ob und unter welchen Voraussetzungen die Steuer ohne Verwendung von Stempelzeichen entrichtet werden kann.

Ist die Steuer von dem Lieferer oder dem sonstigen Leistungsverpflichteten nicht entrichtet worden, so hat der Empfänger des Empfangsbekenntnisses binnen zweier Wochen nach dem Tage des Empfanges und jedenfalls vor der weiteren Aushändigung des Empfangsbekenntnisses die Steuer der Verstempelung (Abs. 2) des Empfangsbekenntnisses zu entrichten. Erhält derjenige, der das Entgelt entrichtet hat, kein Empfangsbekenntnis, so hat er der Steuerstelle innerhalb eines Monats nach der Zahlung des Entgelts hiervon Mitteilung zu machen. Die Mitteilung muß die im Abs. 1 für das Empfangsbekenntnis vorgeschriebenen Angaben enthalten; zu ihr ist die Steuer in der im Abs. 2 bezeichneten Art zu entrichten.

Nimmt im Falle des § 23 Abs. 1 Nr. 3 der Erwerber Steuerbefreiung nach § 23 Abs. 2 für sich in Anspruch, so hat er die im § 22 Abs. 2 vorgeschriebene Bescheinigung dem Lieferer vorzulegen; diese hat auf dem Empfangsbekenntnisse Namen und Wohnort des Erwerbers unter Angabe der Bescheinigung zu vermerken und eine Abschrift des Empfangsbekenntnisses als Ausweis gegenüber der Steuerstelle zurückzubehalten.

Wer aus einem unter § 23 Abs. 1 Nr. 3, § 25 Abs. 2 **oder § 26 Abs. 5** fallenden Umsatzgeschäfte zahlungspflichtig ist, kann in einem Rechtsstreit gegenüber dem Anspruch auf Entrichtung des Entgelts den Einwand der Tilgung nur geltend machen, wenn er nachweist, daß die Steuer für die Lieferung oder die sonstige Leistung entrichtet worden ist oder die Lieferung nach § 23 Abs. 2 in Verbindung mit der Vorschrift des Abs. 4 steuerfrei war.

Die Vorschriften der §§ 12, 36 bis 38 finden auf die Besteuerung gemäß Abs. 1 bis 3 keine Anwendung.

Zu Abs. 2.

1. Sind Stempelmarken zu Unrecht verwendet, so ist ein Erstattungsanspruch aus Rechtsgründen aus diesem Grunde allein nicht gegeben. Er setzt vielmehr voraus, daß das Finanzamt dem Steuerpflichtigen auf Befragen eine Auskunft über die Höhe der Steuer wegen des vollzogenen Geschäfts erteilt, die den Steuerpflichtigen beschwert; vgl § 20 Abs. 2 d. RAbgO. Lautet die Auskunft dahin, daß das Geschäft nicht luxussteuerpflichtig war, so besteht trotz der Verwendung von Stempelmarken kein Erstattungsanspruch. Diese Lücke kann die Rechtsprechung nicht ausfüllen (U. v. 10. Nov. 21 V A 87/21 S. 7, 238).

Zu Abs. 3.

2. Der Erwerber haftet für die Privatluxussteuer auch dann, wenn aus irgendeinem Grunde der Veräußerer nicht in Anspruch genommen worden ist (U. v. 4. Okt. 21 V A 107 u. 108 21 RStBl. 1921, 407).

3. Ist im Falle des § 23 Abs. 1 Nr. 3 dem Lieferer die von ihm gezahlte Steuer erstattet worden, so kann der Erwerber nicht mehr zur Steuer herangezogen werden (U. v. 7. März 22 V A 157/21 Nr. 91).

Zu Abs. 4.

4. Die Wiederveräußerungsbescheinigung muß nach Abs. 4 tatsächlich vorgelegt werden und zwar innerhalb 14 Tagen nach der Zahlung, spätestens aber bei Ausstellung der Quittung (U. v. 10. Nov. 21 V A 87/21 S. 7, 338).

5. Der Lieferer muß sich vom Erwerber die Händlerbescheinigung beim Eintritt der Steuerpflicht, spätestens aber bei Ausstellung der Quittung vorlegen lassen, auch wenn über das Vorliegen des Erwerbs zum Zwecke der Weiterveräußerung keine Zweifel bestehen (U. v. 31. Jan. 22 V A 53/21 n. v.).

Zu Abs. 7.

6. Bei der gesonderten Inrechnungstellung der Privatluxussteuer wird diese in das steuerpflichtige Entgelt nicht einbezogen; vgl. zu § 8 Anm. 9.

§ 40.

Wer in einer Druckschrift, die zur Verbreitung bestimmt ist, Verkaufsangebote von Gegenständen der im § 23 Abs. 1 Nr. 3 bezeichneten Art macht, ohne in dem Angebote seinen Namen und seine Wohnung anzugeben, hat Namen und Wohnung dem Verleger der Druckschrift gleichzeitig mit der Erteilung des Auftrags mitzuteilen.

Der Verleger der Druckschrift darf Veröffentlichungsaufträge der im Abs. 1 genannten Art nur annehmen, wenn ihm von dem Auftraggeber Name und Wohnung mitgeteilt werden.

Ist ein Verleger nicht vorhanden, so tritt an seine Stelle der Drucker der Druckschrift.

Der Verleger der Druckschrift oder im Falle des Abs. 3 der Drucker hat nach näherer Bestimmung des Reichsrats der Steuerstelle, in deren Bezirke die Druckschrift erscheint, das Verkaufsangebot ohne Namens- und Wohnungsangabe enthaltende Stück der Druckschrift unmittelbar nach seiner Ausgabe abzuliefern und dabei Namen und Wohnung der Auftraggeber zu bezeichnen.

Die Steuerstelle hat unverzüglich diejenigen Steuerstellen zu benachrichtigen, die für den Wohnort der Auftraggeber zuständig sind.

§ 41.

Auf die Entrichtung der Steuer im Falle des § 23 Abs. 1 Nr. 5 finden, wenn der Steuerpflichtige keine gewerbliche oder berufliche Tätigkeit ausübt, die Vorschriften des § 38 entsprechende Anwendung.

§ 38 Abs. 2 gilt auch, wenn der Steuerpflichtige eine gewerbliche oder berufliche Tätigkeit ausübt.

§ 42.

Bei Steuerpflichtigen, die eine gewerbliche Tätigkeit ausüben, ist für die Veranlagung diejenige Steuerstelle zuständig in deren Bezirk das Gewerbe betrieben wird.

Bei Steuerpflichtigen, die eine berufliche Tätigkeit ausüben, sowie in den Fällen der § 1 Nr. 3, § 17 Nr. 3, § 23 Abs. 1 Nr. 3 bis 5, § 25 Abs. 2 **und § 26 Abs. 5** ist die Steuerstelle des Wohnsitzes oder Aufenthalts des Steuerpflichtigen zuständig.

1. Als Aufenthalt im Sinne dieser Vorschrift genügt bloßes Verweilen an einem Orte, gewöhnlicher Aufenthalt oder dauernder Aufenthalt (vgl. § 63 RAbgO.) wird nicht verlangt (U. v. 26. Nov 20 II A 326/20, S. 4, 48).

VII. Straf-, Übergangs- und Schlußvorschriften.

§ 43.

Die Hinterziehung der Umsatzsteuer wird mit einer Geldstrafe bis zum zwanzigfachen Betrage der hinterzogenen Steuer oder mit Gefängnis bestraft.

Wer den Vorschriften des § 40 Abs. 1 bis 4 zuwiderhandelt, wird mit einer Geldstrafe bis zu fünfhundert Mark bestraft.

Die Festsetzung einer Ordnungsstrafe unterbleibt bei Unterlassung der Aufzeichnung (§ 31) und bei nicht ordnungsmäßiger Aufzeichnung, wenn die Zuwiderhandlungen aus Gründen, die in der Person des Verpflichteten oder in der Art seines Geschäftsbetriebs liegen, entschuldbar erscheinen.

§ 44.

Länder und Gemeinden (Gemeindeverbände) dürfen von dem Inkrafttreten dieses Gesetzes ab Steuern vom Warenumsatz nicht mehr erheben.

1. Die auf Grund von § 1 des braunschweigischen Gesetzes, die Veranlagung und Erhebung der Bergwerksabgabe betreffend, vom 15. April 1867 (Ges.- u. VOS. Nr. 24 S. 173) in Verbindung mit Artikel 1 des Gesetzes vom 4. April 1919 (Ges.- u. VOS. Nr. 53 S. 103) in Braunschweig von Kohlen erhobene Bergwerksabgabe ist mit dem Reichsrecht nicht vereinbar, weil sie entgegen dem § 44 nach dem Umsatze bemessen wird (U. des Großen Senats v. 19. Dez. 21 GrS. 3 21 S. 7, 266).

§ 45.

Die Ausführungsbestimmungen zu diesem Gesetz erläßt der Reichsminister der Finanzen mit Zustimmung des Reichsrats.

1. Die Ausführungsbestimmungen zum Umsatzsteuergesetz sind nach der Bekanntmachung vom 12. Juli 20 (RZBl. S. 137) mit Zustimmung des Reichsrats erlassen worden. Sie können als vom Reichsrat erlassen in Ansehung der Vorschriften betrachtet werden, deren Erlaß dem Reichsrat vorbehalten ist (U. v. 24. Nov. 21 V A 10/21 n. v.)

2. Vgl. auch zu § 16 Anm. 1 und zu § 24 Anm. 2.

§ 46.

Dieses Gesetz tritt am 1. Januar 1920 in Kraft. Als erstes Kalenderjahr im Sinne des § 33 gilt das Kalenderjahr 1920.

Mit Ablauf des 31. Dezember 1919 tritt das Umsatzsteuergesetz vom 26. Juli 1918 (Reichs-Gesetzbl. S. 779) außer Kraft, unbeschadet der Durchführung des Erhebungsverfahrens für die Zeit bis zum 31. Dezember 1919.

Ist nach diesem Gesetz eine Steuer für eine Lieferung oder sonstige Leistung zu entrichten, die nach dem Umsatzsteuergesetz vom 26. Juli 1918 steuerfrei war oder einem niedrigeren Satze unterlag, so ist für die Steuerpflicht und die Höhe des Steuersatzes nur dann dieses Gesetz maßgebend, wenn sowohl die Vereinnahmung, als auch die Lieferung oder sonstige Leistung nach dem 31. Dezember 1919 liegen.

Diese Vorschrift tritt mit dem 31. Dezember 1920 außer Kraft.

Sind für Leistungen aus Verträgen, die vor dem Inkrafttreten des Gesetzes abgeschlossen sind, Entgelte nach diesem Zeitpunkt zu entrichten, so ist der Abnehmer mangels abweichender Vereinbarung verpflichtet, dem Lieferer einen Zuschlag zum Entgelt in Höhe der auf die Leistung entfallenden Steuer zu leisten. Dabei ist jedoch der Betrag abzuziehen, der bei einer Weitergeltung des Umsatzsteuergesetzes vom 26. Juli 1918 auf das Entgelt entfallen wäre, es sei denn, daß der Vertrag unter § 42 Abs. 6 des genannten Gesetzes fällt. Der Preiszuschlag bildet keinen Grund zur Vertragsaufhebung.

1. Das zu der Übergangsvorschrift in § 42 UStG. 1918 ergangene Gutachten v. 25. Nov. 18 II D 2/18 S. 1, 1 B ist durch die abweichende Fassung des § 47 UStG. 1919 überholt.

2. Ist auf eine nach dem 31. Dezember 1919 bewirkte Lieferung die Zahlung zum Teil vorher und zum Teil nachher entrichtet worden, so ist von dem vor dem 1. Januar 1920 entrichteten Entgelte die Umsatzsteuer nach dem Gesetze von 1918 zu berechnen (U. v. 4. Okt. 21 V A 31/21 n. v.). Der hiermit ausgesprochene Grundsatz wird auch für die Übergangsvorschrift in Art. 4 Abs. 4 des AbändGes. von Bedeutung sein.

3. Bei gesonderter Inrechnungstellung der Umsatzsteuer im Falle des § 46 Abs. 5 wird das steuerpflichtige Entgelt nicht erhöht. Es berechnet sich also die Steuer nach dem ursprünglichen Preise ohne Hinzurechnung des Preiszuschlags (U. v. 11. Jan. 21 V A 78/21 S. 8, 84).

§ 47.

Soweit § 8 des Umsatzsteuergesetzes vom 26. Juli 1918 eine erhöhte Steuerpflicht von 10 v. H. bei Lieferung im Kleinhandel vorsieht, bleibt diese erhöhte Steuerpflicht bis zum 31. Dezember 1920 für die nach § 15 steuerpflichtigen Gegenstände aufrechterhalten, die sich bereits am 31. Dezember 1919 im Besitze des steuerpflichtigen Kleinhandelsbetriebs befanden und im Laufe des Kalenderjahres 1920 von diesem veräußert werden.

Nachtrag.

Zu § 15 Abs. 2 II Nr. 8.

Unter Personenfahrzeugen mit motorischem Antrieb sind solche mit Dampfantrieb nicht zu verstehen; insbesondere unterliegen Wasserfahrzeuge, wenn sie mit Dampfkraft betrieben werden, der erhöhten Umsatzsteuer nur dann, wenn sie ihrer Beschaffenheit nach für Vergnügungs- oder Sportzwecke bestimmt sind. So zu § 8 Abs. 1 Nr. 6 des Ges. v. 1918 U. v. 21. April 22 V A 221/21 (zur Veröffentlichung best.).

Zu § 23 Abs. 1 Nr. 3.

In Anm. 4 ist anzufügen: Befindet sich unter dem im Ganzen verkauften Inventar einer Schankwirtschaft ein Grammophon, so ist in Ansehung dieses Musikinstrumentes erhöhte Umsatzsteuer zu erheben (U. v. 5. Mai 22 V A 25/22 n. v.).

Sachregister.

(Die Zahlen verweisen auf die Seiten.)

A.

E.

F.

G.

H.

I.

J.

K.

L.

T.

U.

FSC
www.fsc.org
MIX
Papier | Fördert
gute Waldnutzung
FSC® C083411

Kolibri 360 GmbH
Ferdinand-Jühlke-Straße 7
99095 Erfurt, Deutschland
produktsicherheit@kolibri360.de